빛이 있으라

# 빛이 있으라

내 삶에서 하나님의 말씀이 살아 움직이기를 원하십니까?

박기묵 목사

창세기3

좋은땅

## 머리말

　인간은 끊임없이 진리를 찾아왔습니다. 그러나 인간은 스스로 진리를 찾을 수 없습니다. 왜냐하면 인류가 에덴동산에서 범죄함으로 하늘 차원의 지식의 세계가 막혀 버렸기 때문입니다. 이러한 이유로 소크라테스, 플라톤, 아리스토텔레스와 같은 철학자들, 석가모니나 무함마드와 같은 종교 창시자들이 인간의 근본을 탐구하고, 인간이 어디서 와서 어디로 가는지를 찾으려 했지만, 해답을 얻지 못했습니다. 이는 그들 역시 죄 가운데 있었고, 그로 인해 하늘 차원의 지식을 깨달을 수 없었기 때문입니다. 진리는 하늘 차원의 지식이므로 인간이 스스로는 깨우칠 수 없는 그런 것입니다. 그래서 인간은 사실상 절망적인 상태에 놓이게 되었습니다. 하지만 하나님은 사람을 그대로 두지 아니하시고 절망으로부터 구원하시는 계획을 세우셨습니다. 그 구원의 시작이 노아의 홍수 직후에 노아와 그 가족에게 주신 '무지개 언약'입니다.

　홍수 심판 이후, 하나님은 노아에게 "다시는 물로 심판하지 않겠다"는 무지개 언약을 주십니다. 사람들은 이 언약을 물로 심판하지 않는 대신 불로 심판한다는 단순한 뜻으로 생각할 수도 있습니다. 무지개 언약은 홍수 이전 사람들이 왜 심판을 받았는지에 대한 명확한 이해가 있어야 깨달을 수 있는 언약입니다.

　홍수 이전에 셋, 에노스, 에녹, 무두셀라 등 노아의 조상 계보에 하나님의 영이 함께하는 하나님의 아들들이 있었습니다. 이 하나님의 아들들이 사람의 딸들의 아름다움을 보고 그들을 아내로 취하여 네피림이 탄생되었습니다. 그 결과, 세상에는 전쟁과 살인이 난무하게 되었고, 세상에는 죄악이 가득했고, 사람의 생각이 항상 악하게 되었습니다. 이에 하나님은 사람 만드신 것을 한탄하시고 지면에서 사람을 쓸어 버리되 가축과 기는 것과 공중의 새까지 그리하시겠다는 홍수 심판을 계획하시고 실행하셨습니다. 그러나 당대의 의인 노아는 하나님의 은혜로 방주를 지었고, 그 안에 들어간 자들은 심판을 면했습니다.

홍수 심판 이후, 하나님은 살아남은 노아와 그의 가족에게 다시는 물로 심판하지 않으시겠다고 약속하신 후 무지개를 보여 주시는 '무지개 언약'을 하십니다. 아무리 셋과 에녹의 계통을 따라 제사를 잘 드리고, 하나님의 영이 함께하는 사람들이라 해도, 세상의 아름다움을 보고 그것을 취하여 타락하였습니다. 결국, 셋과 에녹의 계통에 속한 하나님의 아들들도 죄인이 가지는 한계를 벗어날 수 없었습니다. 하나님은 이러한 한계를 가진 인간을 근본적으로 개혁하시겠다는 계획을 세우십니다. 그것이 '무지개 언약'입니다. 이 언약은 바로 인간의 근본, 곧 본체인 '영(spirit)'을 하나님과 같은 차원의 '살려 주는 영'으로 바꾸는 것이었습니다.

하나님은 이 무지개 언약을 아브람을 통해 실행하기 시작하십니다. 하나님은 아브람을 부르셔서 가나안 땅으로 보내시고 그 땅에서 인간의 근본을 바꾸기 위한 구속의 역사를 출발시키십니다. 하나님은 아브람에게 그의 자손이 하늘의 별처럼 많아질 것을 약속하시고, 그들이 400년 동안 이방 땅에서 객이 되었다가 가나안으로 돌아오게 될 것을 미리 알려 주셨습니다. 아브라함이 이삭을 낳고, 이삭은 야곱을 낳고, 야곱은 열두 아들을 낳아 그 자손들은 이스라엘 열두 지파를 이룹니다. 하나님은 야곱의 이름을 '이스라엘'로 바꾸어 주시고, 그 후손들을 애굽(이집트)으로 보내 이 방 땅에서 객이 되어 종살이를 하게 하시며 큰 민족으로 번성케 하십니다.

이스라엘 백성들이 애굽에서 종살이하는 동안, 하나님은 그들에게 철저히 세상의 종이라는 사실을 각인시키십니다. 그런 다음 모세를 통해 그들을 애굽에서 홍해를 건너게 하여 탈출시키십니다. 홍해를 건넌 것은 이스라엘 백성들의 종된 삶을 물속에 장사 지내고, 광야에서 새로운 출발을 하게 하기 위함입니다. 하나님은 광야의 시내산에서 율법을 주시고, 이스라엘 민족으로 하여금 철저한 죄인임을 깨닫게 하십니다. 이 죄를 없애기 위해 성막에서 제사를 드리게 하셨고, 궁극적으로 죄를 완전히 없애 주실 메시아를 기다리도록 하셨습니다.

그래서 이스라엘 백성들은 성막과 성전에서 제사를 드리며 메시아를 기다리는 삶을 살게 됩니다. 그 삶은 결국 메시아이신 예수 그리스도를 탄생시키는 삶이었습니다. 아브라함과 이삭과 야곱을 통해 세워진 이스라엘 민족은 인간의 근본을 개혁하실 예수 그리스도를 탄생시키는 사명을 맡게 됩니다. 때가 되어 마리아에게서 예수 그리스도가 탄생하셨고, 30세에 공생애를 시작하시면서 이 땅에 참된 천국을 출발시키셨습니다. 사람의 육체의 모양을 하신 그분 자체가 천국이셨습니다.

그때부터 사람의 모양을 한 천국의 시대가 시작됩니다. 그분은 사람의 육체로 오셨지만, 그 육체는 영입니다. 왜냐하면 성령으로 그분의 육체가 잉태되었기 때문입니다. "육으로 난 것은 육이요 영으로 난 것은 영이니라"(요 3:6)는 말씀처럼, 그분의 육체는 영입니다. 그 영이신 육체가 십자가 위에서 제물이 되어 죽으셨을 때, 누구든지 그분을 쳐다보면 그의 타락한 영과 혼과 육체가 그분과 함께 죽습니다. 마치 이스라엘 백성들이 홍해를 건널 때 애굽에서의 종된 삶을 홍해에 장사 지냈던 것처럼, 예수 그리스도의 십자가를 바라보는 자들은 세상적인 삶 전체를 그 십자가 안에 장사 지냅니다.

타락한 인간이 십자가에서 죽을 때, 그 안에서 새롭게 그리스도와 같은 차원의 '살려 주는 영'이 탄생합니다. 그 영을 하나님의 아들이라 부릅니다. 이때부터 하나님의 아들들의 시대가 시작됩니다. 인간의 근본이 완전히 바뀐 하나님의 아들들의 시대입니다. 인간의 근본 본체인 영이 원죄를 가진 '영'에서 '살려 주는 영'으로 바뀌었습니다. 이것이 바로 무지개 언약의 성취입니다. 인간은 그 근본이 완전히 바뀌어 하나님과 같은 차원, 즉 하나님의 아들이라는 존재가 되었습니다. 이때부터 인간이 범죄함으로 인해 막혀 있던 하늘의 지식이, 하나님의 아들들에게 열립니다. 곧 그들에게 진리가 드러나게 됩니다. 온 인류가 그렇게 알고 싶어 했던 진리가, 이제 하나님의 아들들, 즉 물과 성령으로 거듭난 사람들에게 알려지게 됩니다. '살려 주는 영'으로 다시 태어난 자들은, 홍수 이전의 하나님의 아들들과는 달리 새로운 차원의 하나님의 아들들로서 영적 관점에서 다시는 타락할 수 없는 존재입니다.

이 책은 무지개 언약의 실행을 위해 아브람이 선택되어, 이삭을 낳고, 이름이 아브라함으로 바뀌며 하나님과 언약을 맺고, 이삭이 야곱을 낳고, 야곱이 밧단아람에서 열두 아들을 낳으며, 그의 이름이 이스라엘로 바뀌는 과정과, 그 아들들 중 요셉이 먼저 애굽으로 내려가 야곱의 가족을 불러내는 하나님의 역사를 상세히 서술하고 있습니다. 하나님께서 요셉을 통해 이스라엘 민족을 애굽으로 부르신 것은, 그곳에서 큰 민족으로 성장시키시고 세상의 종됨을 철저히 깨닫게 하시며, 히브리 문자를 만들게 하시기 위함이었습니다. 이 책은 하나님께서 인간의 근본을 바꾸시기 위한 구속의 역사를 어떻게 시작하셨으며, 야곱을 통한 이스라엘 열두 지파의 탄생과 요셉을 통한 이스라엘 민족을 애굽으로 데려가시는 구속사의 과정을 상세히 그리고 있습니다.

저자는 오랜 시간 말씀을 묵상하며, 성령께서 깨닫게 하신 내용을 이 책에 담았습니다. 인간의 근본적 개혁의 역사가 아브라함으로부터 시작되었다는 사실을 알아야 구약성경을 이해할 수 있습니다. 무지개 언약의 의미를 알아야 아브라함을 통한 구속의 역사 시작을 이해할 수 있습니다. 구속의 역사를 이해하게 되면 자신이 누구인지를 깨닫게 될 것입니다. 이 책을 읽는 사람들은 누구든지 실제로 자신이 예수 그리스도의 신부가 되었다는 사실을 세상 삶 속에서 경험하게 될 것입니다. 반드시 경험하게 될 것입니다. 저자인 저는 그런 분들을 직접 보았기 때문에 확신을 가지고 이 이야기를 전할 수 있습니다. 이 책을 통해 영적 지식의 세계가 열리기를 기대합니다.

− 예수 그리스도의 사람 박기묵 씀

# 목차

머리말 ................................................................................ 5

## 1부 절망의 경계에서 빛을 본 순간

1. 모든 것을 잃었을 때 찾아오는 하나님
   - 길 위에서 만난 놀라운 시작(창28:1-9) ................................ 16

2. 나의 돌베개 순간
   - 꿈이 현실이 되는 하나님의 시간(창28:10-22) ........................ 22

3. 운명적 만남은 하나님이 예비하신다
   - 삶을 바꾼 한 순간(창29:1-9) ............................................ 29

4. 진짜 사랑은 기다릴 줄 안다
   - 야곱의 끝없는 기다림의 사랑법(창29:10-20) ........................ 35

## 2부 상처받은 가정도 하나님이 회복시키신다

5. 외로움 속에 들린 위로
   - 보이지 않는 품에 안기다(창29:21-35) ................................ 42

6. 질투가 만든 대화, 해답은 기도였다
   - 라헬의 눈물 뒤 희망(창30:1-13) ........................................ 48

7. 가정의 갈등도 하나님의 계획 안에 있다
   - 열두 아들의 비밀(창30:14-24) .......................................... 54

8. 가난한 목동에게 시작된 하나님의 역전 드라마
   - 첫 장면(창30:25-36) ...................................................... 60

9. 하나님의 방식은 다르다
   - 정직함 위에 부어주신 은혜(창30:37-43) .............................. 66

## 3부 하나님이 여는 새로운 인생

### 10. 위기가 시작이다
- 지금 이 순간, 하나님을 만나다(창31:1-13) ········· 72

### 11. 용기 있게 떠나는 법
- 미래를 향한 믿음의 결단(창31:14-29) ········· 78

### 12. 숨겨진 진실을 밝히시는 하나님
- 드라빔 사건이 말하는 교훈(창31:30-37) ········· 82

### 13. 인생의 갈림길에서
- 선택의 순간, 하나님을 따르다(창31:38-44) ········· 86

### 14. 진정한 새출발의 조건
- 하나님께 예배하는 삶(창31:45-55) ········· 91

## 4부 두려움을 이기는 하나님의 방법

### 15. 천사들이 함께한다는 증거
- 당신도 혼자가 아니다(창32:1-12) ········· 98

### 16. 두려움을 이기는 믿음의 힘
- 400명의 군사를 무릎 꿇리는 법(창32:13-23) ········· 103

### 17. 하나님과 씨름하는 밤
- 당신의 이름도 바뀔 수 있다(창32:24-32) ········· 107

### 18. 은혜로 살아가는 인생의 비밀
- 하나님이 주도하는 삶(창33:1-11) ········· 112

### 19. 세상 방식 vs 하나님 방식
- 야곱이 선택한 길(창33:12-20) ········· 118

## 5부 가정의 위기를 기회로 바꾸시는 하나님

### 20. 가족의 상처, 치유의 출발점이 되다
- 부모의 눈물 속 하나님의 손길(창34:1-12) ······················ 126

### 21. 분노에 갇힌 선택
- 복수가 남긴 상처(창34:13-23) ···································· 132

### 22. 실수가 남긴 깨달음
- 가정에서 시작된 회복(창34:24-31) ································ 137

### 23. 다시 하나님께로
- 벧엘 회복의 은혜(창35:1-8) ······································ 143

### 24. 흔들려도 붙드시는 손길
- 당신의 이름을 기억하시는 분(창35:9-15) ························ 148

## 6부 다음 세대를 향한 하나님의 계획

### 25. 가장 소중한 것을 잃을 때
- 라헬의 죽음 속에 있는 하나님의 선물(창35:16-29) ················ 156

### 26. 하나님의 선택에는 이유가 있다
- 에서와 야곱의 다른 운명(창36:1-19) ······························ 161

### 27. 세상 성공 vs 하나님 축복
- 진짜 성공은 어떤 것인가?(창36:20-43) ···························· 166

## 7부 꿈꾸는 자를 키우시는 하나님

### 28. 17세 소년의 꿈이 역사를 바꾸다
- 당신 안에 잠든 하나님의 비전(창37:1-11) ······ 172

### 29. 시기와 질투도 하나님의 계획 안에
- 도단 들판의 기적(창37:12-24) ······ 178

### 30. 최악이 최고가 되는 순간
- 노예가 된 요셉의 역전 인생(창37:25-36) ······ 184

## 8부 절망을 희망으로 바꾸시는 하나님의 신비

### 31. 넘어져도 일으켜 세우시는 하나님
- 유다의 회복 스토리(창38:1-11) ······ 192

### 32. 죄가 드러나는 것도 사랑이다
- 다말 사건의 진실(창38:12-20) ······ 197

### 33. "그가 나보다 의롭다"
- 진정한 회개의 모습(창38:21-30) ······ 203

### 34. 어디에 있든 축복하시는 하나님
- 보디발 집 요셉의 성공법(창39:1-10) ······ 208

### 35. 억울한 고난 뒤에 숨은 뜻
- 감옥에서도 빛나는 믿음(창39:11-23) ······ 214

### 36. 절망의 자리가 만남의 자리
- 감옥에서 발견한 달란트(창40:1-13) ······ 220

### 37. 사람은 잊어도 하나님은 기억하신다
- 때가 되면 반드시 이루시는 약속(창40:14-23) ······ 226

1부

절망의 경계에서 빛을 본 순간

# 1. 모든 것을 잃었을 때 찾아오는 하나님
### - 길 위에서 만난 놀라운 시작(창28:1-9)

리브가는 에서가 야곱을 죽여 장자의 축복을 빼앗긴 한을 풀려 한다는 사실을 알고 이삭에게 야곱의 아내를 가나안의 후손인 헷 족속이 아닌 다른 족속에서 얻자고 제안했습니다. 이에 이삭은 야곱을 밧단아람으로 보내 외삼촌 라반의 딸 중에서 아내를 맞이하라고 하였습니다. 이삭은 집을 떠나는 야곱을 다시 축복했습니다. 이 축복은 하나님이 아브라함에게 하신 약속을 재확인하는 것이었으며, 생육하고 번성하며 하나님이 주신 땅을 차지하는 것에 대한 선언이었습니다. 깊은 영적 의미를 지닌 축복입니다.

가나안 여인들은 이미 우상숭배로 인해 하나님의 심판을 피할 수 없는 상태에 있었으므로 하나님의 기업을 상속받은 자의 돕는 배필이 될 수 없었습니다. 이는 단순히 그들의 출신 성분 때문이 아니라 당시 가나안 여인들이 우상숭배에서 벗어날 수 없는 환경에 있었기 때문입니다. 물론 가나안 족속 중에도 라합처럼 그리스도의 계보에 들어간 이들이 있었지만, 당시의 시대 상황에서 가나안 여인들은 야곱의 기업, 즉 하나님의 기업을 현실에서 나타낼 자의 돕는 배필로는 적합하지 않았습니다.

하나님의 기업은 단순히 상상 속에만 존재하는 것이 아닙니다. 하나님의 기업은 영적 기업이지만, 그 영이 창조하는 기업은 육적 기업의 모양으로 실재합니다. 영적 기업을 경영하는 자들이 육체를 가진 존재이기 때문입니다. 이런 육적 기업의 모양으로 실재하는 기업은 항상 영적 기업을 성취하는 속성을 지니며, 이런 기업은 사실상 영적 기업입니다. 이런 속성의 육적 기업은 우리의 눈에 보이지만 그것은 영적 기업과 직접적으로 연결되어 있습니다. 하나님은 이전에 영적 기업으로 존재했던 그 기업을 야곱의 시대부터는 눈에 보이는 실제 기업으로 나타내기를 원하셨습니다. 이러한 이유로 하나님은 야곱을 가나안에 머물게 하지 않고 밧단아람으로 보내셨습니다. 눈에 보이는 영적 기업의 시대를 출발시키기 위해서입니다.

야곱은 밧단아람으로 향했습니다. 그는 아버지 이삭의 축복을 받았으니, 원래 살던 가나안에서 축복된 삶을 시작할 것으로 기대하였습니다. 그러나 하나님은 그를 밧단아람으로 보내셨습니다. 이 과정은 죽음을 피해 도망치는 비참한 삶의 연속이었습니다. 많은 사람은 하나님의 축복을 받으면 곧바로 무언가 이루어질 것이라고 기대합니다. 마찬가지로 하나님의 큰 기적을 경험한 사람도 즉각적으로 나타나는 육적인 축복을 기대할 수 있습니다. 그러나 야곱이 맞이한 현실은 당장의 축복과 형통함이 아니라, 죽음을 피해 도망쳐야 하는 삶이었습니다.

사실 하나님의 역사 속 인물들을 살펴보면, 대부분의 삶이 이런 과정을 거쳤음을 알 수 있습니다. 다윗도 사무엘에게 왕으로 기름 부음을 받은 후 곧바로 왕위에 오를 것이라고 기대했을 것입니다. 그러나 그는 왕이 되기까지 약 15년 동안 도피 생활을 해야 했습니다. 출애굽 당시에도 이스라엘 백성들은 홍해가 갈라지는 기적을 보고 춤추며 기뻐했지만, 얼마 지나지 않아 마라의 쓴 물을 만났습니다. 하나님은 자신의 기업을 맡길 사람들을 철저히 훈련시키시고, 훈련된 그들을 통해 기업을 운영하십니다.

하나님 나라는 하나님께서 친히 운영하십니다. 그러나 그 기업의 일은 육체를 가진 사람들이 감당하게 됩니다. 이는 하나님의 기업이 육체를 가진 자들을 구원하는 데 그 목적을 두고 있기 때문입니다. 사람의 육체는 영을 탄생시키는 밭과 같으며, 그 밭에 씨를 뿌리는 역할은 육체를 가진 사람들이 합니다. 이를 위해 예수 그리스도께서 오셔서 십자가에서 죽으셨고, 하나님의 영이 사람 속으로 들어오게 되었습니다. 하나님은 이렇게 영의 씨를 사람 안에 두시고, 그 생각을 통해 육체가 행동하도록 하심으로써 영을 탄생시키십니다. 이것이 아브라함과 맺으신 언약이 오늘날 이루어지는 방식입니다. 하나님의 기업은 육체를 가진 야곱의 자손들, 즉 축복받은 자들을 통해 성취되고 있습니다.

그러나 그들 역시 육체를 가지고 있기 때문에 평범한 사람과 마찬가지로 육체의 욕망을 품고 있습니다. 이러한 육체의 욕망은 영을 거스르기 때문에, 육체가 영의 생각을 따를 수 있도록 훈련이 필요합니다. 육체의 욕망도 생각을 통해 오고, 영의 욕구 역시 생각을 통해 옵니다. 어떤 생각을 따를지는 자유 의지를 가진 개인의 선택에 달려 있습니다. 그들이 영의 생각을 선택할 때, 그들을 통해 하나님의 나라가 창조됩니다. 반대로 육체를 따를 때는 아무것도 창조되지 않습니다. 결국 무엇을 생각하고 어떤 삶을 창조할지는 하나님의 자녀들에게 달려 있습니다.

신약시대 이후, 기업의 경영권은 이미 그리스도의 제자들에게 넘어갔습니다. 그러므로 그 기업을 경영하는 그리스도의 제자들이 믿음으로 응답하면 천국이 창조됩니다. 천국의 창조는 다름 아닌 그 기업을 경영하는 제자들에게 유익이 됩니다. 믿음으로 응답하는 일은 곧 자신의 영과 육 모두에 이로움을 줍니다. 이를 통해 영적 기업과 육적 기업 또한 성취됩니다.

야곱이 밧단아람에서 보낸 시간은 도피 생활처럼 보였으나, 이는 이스라엘 열두 지파의 기초를 세운 중요한 시간이었습니다. 그의 삶은 하나님의 기업을 상속받음으로써 선을 이루는 삶이 되었습니다. 하나님의 기업을 상속받은 자의 삶은 본질적으로 선을 이루며, 축복받은 자의 삶은 모든 것이 합력하여 선을 이루는 여정입니다. 비록 도망자의 삶처럼 보일지라도, 현실에 얽매이지 않고 하나님의 뜻을 따르면 그 삶은 영적이며 생산적인 여정이 됩니다. 결국 하나님의 기업을 성취하는 삶으로 이어지게 됩니다.

성령세례를 받은 사람들 역시 야곱이 받은 축복과 같은 복을 받은 자들입니다. 따라서 그들의 삶은 산 자의 삶이 됩니다. 과거의 허물과 실패는 사라지고, 산 자의 삶은 영원히 보존됩니다. 현실이 어렵더라도, 그들은 하나님의 기업을 성취하며 생산적인 삶을 살아갑니다. 이런 사람들을 영적으로 산 자라 부릅니다. 그들의 여정은 결코 실패로 끝나지 않습니다. 야곱이 라반에게 20년간 속아 실패자의 삶을 사는 것처럼 보였지만, 결국 그는 성공의 길을 걸었습니다. 산 자의 삶이 그러하기 때문입니다. 야곱의 축복을 받은 이들은 영적 축복의 삶을 살아가게 됩니다.

그러나 야곱은 밧단아람에서 도피하는 동안 자신이 하나님의 기업을 성취하고 있다는 사실을 깨닫지 못했습니다. 그는 그곳에서 이스라엘 열두 지파를 탄생시켰는데, 이는 영적 관점에서 보면 예수 그리스도가 공생애 중 열두 제자를 세운 것과 유사합니다. 예수 그리스도가 열두 제자를 선택하여 영적 이스라엘 나라의 기초를 세우신 것처럼, 야곱은 열두 지파를 통해 육적 이스라엘의 기초를 마련했습니다. 이러한 이유로 거룩한 성 예루살렘의 동서남북 문에는 야곱의 열두 지파 이름이 새겨지게 됩니다. 이는 야곱의 열두 지파가 사람들이 거룩한 성 예루살렘에 들어갈 문을 세웠다는 것을 상징합니다. 하지만 야곱은 하나님의 인도 아래 이러한 역사가 이루어지고 있다는 사실을 알지 못한 채 삶을 이어 갔습니다.

성령세례를 받은 자들 또한 성령이 자신을 통해 이루시는 일을 모두 이해하지 못한 채, 그저 주어진 하루를 살아갑니다. 하지만 그들의 삶은 후일에 엄청난 평가를 받을 것입니다. 베드로를 예로 들어 생각해 보십시오. 부활하신 예수님을 만난 후 그는 배 오른편에 그물을 던져 153마리의 물고기를 잡았습니다. 이는 예수님께서 그를 사람을 낚는 어부로 부르셨던 말씀을 성취한 상징적 사건입니다. 부활하신 예수님은 제자들에게 예루살렘을 떠나지 말고 아버지께서 약속하신 성령을 기다리라고 명하셨습니다. 성령이 베드로에게 임하자 그는 수많은 사람을 낚는 어부가 되었습니다. 베드로는 산 자였습니다. 그의 육체는 죽었지만, 그의 삶은 오늘날까지도 사람들에게 영향을 미치고 있습니다. 이것이 바로 산 자들의 삶입니다. 죽은 자들의 삶은 육체가 죽으면 끝이 나지만, 산 자들의 삶은 육체가 죽어도 계속해서 영적 활동을 이어 갑니다.

이처럼 성령세례를 받은 이들은 산 자로서 살아갑니다. 그들은 영으로 사는 자들입니다. 삼손의 이야기를 통해 성령의 역사가 있을 때와 없을 때의 차이를 알 수 있습니다. 성령이 역사할 때 삼손은 나귀 뼈 하나로 블레셋 사람 1,000명을 이길 정도로 강했지만, 성령이 떠나자 그는 평범한 사람이 되어 블레셋에게 사로잡혔습니다. 그럼에도 불구하고 성령세례를 받은 자들이 종종 자신을 죽은 자와 동일시하며 두려움에 사로잡힙니다. 옛사람의 흔적을 가진 혼과 육체 때문입니다. 그리스도인들은 산 자입니다. 산 자에게 두려움은 있을 수 없습니다.

산 자들은 예수 그리스도의 삶을 보는 영적인 눈을 가집니다. 영적 눈이 열리면, 실로암 사건에서처럼 예수님은 단순히 맹인의 눈을 고치신 분이 아니라 영적 눈을 뜨게 하시는 분임을 알게 됩니다. 베데스다 못에서 병자를 고치신 사건도 단순한 치유가 아니라 유대인의 안식일에 대한 생각의 틀을 깨는 사건으로 보입니다. 수가성 여인을 만나 진정한 예배를 알려 주신 일은 사마리아의 한 여인에게 단순히 복음을 전한 사건이 아니라, 불안과 두려움 속에서 의지할 대상을 찾는 모든 인류에게 복음을 전한 사건으로 보입니다. 이처럼 산 자는 세상과 예수님을 바라보는 눈이 일반 사람과 다르며, 육적인 사고방식에서 벗어나 영적 사고방식을 가집니다.

반대로 에서는 헷 족속 부인들이 아버지를 기쁘게 하지 못한다는 사실만 알고, 이스마엘의 딸들을 아내로 맞이합니다. 이처럼 축복받지 못한 자는 아무리 아버지를 기쁘게 하려고 열심히 행동해도 그 모든 노력은 헛된 일이 됩니다. 그는 죽은 자이기 때문에 그의 행동 또한 죽은 자의 행동에 불과합니다. 아버지를 기쁘게 하려 여러 방면으로 애쓰지만, 끝내 만족을 드리지 못하는 삶을 삽니다. 그의 삶은 늘 배고프고 허기진 상태로 이어질 뿐입니다.

## 2. 나의 돌베개 순간
### - 꿈이 현실이 되는 하나님의 시간(창28:10-22)

이삭의 축복을 받은 야곱은 브엘세바에서 하란으로 떠납니다. 하나님의 사람이 된 그는 에서의 분노를 피해 하란으로 도망가게 되지만, 그 길은 곧 하나님의 역사를 이루는 여정이 됩니다. 야곱은 그것을 깨닫지 못했으나, 그의 발걸음은 하나님 나라의 기초를 세우는 일이 됩니다. 이것이 바로 하나님의 기업을 상속받은 자들의 삶입니다. 그들은 세상에서 살아가는 것처럼 보이나, 하나님은 그들의 삶을 통해 구속의 역사를 이루십니다. 그 결과, 자신도 모르는 사이에 하나님의 뜻이 이루어집니다. 그러므로 사람에게 가장 중요한 것은 하나님의 기업을 상속받았느냐 아니냐입니다. 하나님의 기업을 받은 이들에게는 언제나 하나님이 함께하시며 그 기업을 성취하십니다. 그래서 하나님은 에서가 아닌 야곱을 통해 그 일을 이루십니다.

야곱은 하란으로 가는 도중 집 밖에서 돌을 베고 잠들었습니다. 그때 그는 사닥다리가 하늘에 닿아 있고, 하나님의 사자들이 그 사닥다리를 오르내리는 꿈을 꾸었습니다. 야곱이 본 사닥다리는 하늘과 땅이 이어진 것을 상징합니다. 이삭에게 축복을 받고 하란으로 떠나야 했던 야곱에게 하나님은 그가 하늘과 연결되어 있음을 보여 주셨습니다. 이는 하나님과 야곱 사이에 개별적인 교통이 시작되었음을 나타내며, 육체를 가진 야곱이 영의 나라인 하나님 나라와 연결된 존재임을 의미합니다. 야곱의 존재가 눈에 보이는 물리적 존재이지만 영적 하늘나라와 연결되어 있다는 것입니다.

이는 야곱이 서 있는 모든 장소가 하늘, 즉 하나님의 나라와 연결된 곳이 됨을 뜻합니다. 야곱은 하나님의 기업을 상속받은 자로, 그의 발걸음이 닿는 곳마다 하늘과 연결된 장소가 되었습니다. 하나님의 기업을 상속받은 자들이 있는 곳은 곧 하늘의 문이며 하나님의 집이 됩니다. 많은 사람들이 하늘이 어디에 있고, 하늘로 들어가는 문이 어디인지 찾고자 합니다. 그러나 야곱의 사닥다리가 세워진 바로 그곳이 하나님의 집이며 하늘로 들어가는 하늘의 문입니다. 이 사닥다리는 보이는 세상과 보이지 않는 영의 차원인 하늘을 잇는 통로입니다.

그렇다면 하나님과 야곱 사이에 새롭게 시작된 개별적 교통이란 무엇일까요? 그것은 야곱의 혼이 하나님을 인식하게 되는 것을 뜻합니다. 그의 혼을 통해 하나님의 뜻이 전달된다는 것은 하나님이 야곱을 중심으로 역사하시며, 그의 혼을 통해 자신의 의지를 드러내시겠다는 것을 의미합니다. 하나님은 이러한 교통을 통해 야곱에게 그의 삶의 터전이 하란이 아니라 가나안임을 알려 주십니다. 즉, 하란에 머무르지 말고 언제나 가나안을 소망하라는 뜻입니다. 하나님은 가나안 땅에서 자신의 계획을 이루실 것이기 때문입니다.

구약과 신약시대 모두에서 누구에게나 하나님과의 개별적 만남은 인생에서 가장 중요한 전환점입니다. 다만, 구약시대의 만남이 극적인 방식으로 이루어진 데 비해, 신약시대의 만남은 하나님의 말씀을 깨닫는 방식으로 이루어집니다. 이는 신약시대가 영의 시대, 즉 사람들의 영이 개별적으로 활성화된 시대이기 때문입니다.

야곱이 꿈에서 본 사닥다리를 타고 오르내리는 사자들은 세상에서 야곱과 같은 자들 곁에서 하나님의 뜻을 이루어 내는 존재들입니다. 사실 야곱은 자신이 하나님의 일을 어떻게 수행하는지조차 알지 못했습니다. 그는 다만 하나님을 따르며 하나님의 장자권과 기업을 소중히 여겼을 뿐입니다. 그러나 그의 삶에 하나님의 장자권과 기업이 주어졌고, 그를 통해 하나님의 위대한 기업 창조 역사가 일어났습니다. 이는 하나님의 사자들이 육체를 가진 야곱과 같은 상속자들을 통해 하나님의 뜻을 이루고 있음을 보여 줍니다. 육체를 입은 상속자들은 자신들이 맡은 하나님의 기업 경영을 모두 알 수는 없습니다. 우리가 눈으로 확인하는 하나님의 역사는 빙산의 일각일 뿐입니다. 다만 기업의 상속자들을 통해 천사들이 하늘과 땅을 오가며 수많은 하나님의 뜻을 성취합니다.

이 시대에 성령세례를 받은 이들 또한 야곱과 같은 존재로서 세상에서 하나님의 뜻을 실현하고 있습니다. 하지만 우리 눈에 보이는 성취는 전체 중 극히 일부분에 불과합니다. 지금 이 순간에도 우리의 영, 우리 안의 성령, 그리고 하나님의 사자들은 곳곳에서 하나님의 일을 이루어 내고 있습니다. 이처럼 하나님의 일은 본질적으로 영적인 존재들이 수행하는 것이며, 육체는 그 영의 생각을 따르는 도구에 불과합니다. 육체가 영을 따를 때 가장 큰 성과를 거둘 수 있습니다. 사도 바울은 에베소에 있을 때 그의 영이 고린도교회에서 사역하고 있다고 말했습니다. 이는 방언 기도의 필요성을 잘 보여 줍니다. 우리는 스스로를 완전히 알지는 못하지만, 우리의 영은 우리의 상태를 정확히 알고 있습니다. 그러므로 영의 기도, 곧 방언 기도는 반드시 필요합니다. 우리가 알지 못하는 가운데서도 우리를 통해 수많은 하나님의 뜻이 이루어지고 있는 것입니다.

그렇다면 육체가 감당하는 하나님의 일과 영이 이루는 하나님의 일은 무엇일까요? 그것은 시대마다 하나님의 뜻을 분별하고 이에 순종하는 것입니다. 신약시대의 성도들은 그리스도의 제자가 되는 삶을 살아가는 존재입니다. 그들의 삶의 목표는 그리스도의 제자를 삼는 것입니다. 이런 삶의 방향을 품고 기록된 말씀을 읽을 때, 말씀의 깊은 뜻을 깨닫게 됩니다. 그리고 그 깨달은 말씀을 전하는 데 사용되는 것이 바로 그리스도인들의 육체입니다. 이 과정에서 영적인 역사가 함께 이루어집니다. 하나님의 천사들은 하늘과 땅을 오가며 우리가 인식하지 못하는 수많은 하나님의 역사를 창조합니다. 여기에는 우리의 영과 성령이 함께하여 하나님의 뜻을 실현합니다. 따라서 성도는 스스로 하나님의 일을 이루려는 야망을 버리고, 겸손히 하나님의 뜻을 따라가기만 하면 됩니다.

사람이 물과 성령으로 거듭나면 그의 영, 곧 속사람이 탄생합니다. 이 속사람은 그 본질이 살려 주는 영으로 육체의 영역이 아니라 하늘의 영역에 속한 자입니다. 그러므로 그리스도인은 하늘에 속한 자로 불립니다. 반면 혼과 육체는 육의 영역에 속하기 때문에 영의 생각과 육의 생각은 서로 다릅니다. 육을 다스려 영에 복종하도록 하는 것은 육체를 하늘의 영역으로 이끄는 일입니다. 하늘의 영역이 그리스도인의 내면에 있기 때문에, 그리스도인은 곧 하늘이며 천국입니다. 이 천국이 있는 곳에서는 언제나 하늘의 사자들이 하늘과 땅을 오가며 하나님의 뜻을 이루고 있습니다. 여기에서 혼이 감당해야 할 역할은 영의 생각을 따르는 것입니다. 혼이 영의 생각에 순종할 때, 천국은 눈에 보이는 실체로 육의 세계에 나타납니다. 그렇게 되면 주변 사람들이 이를 목격하고, 천국은 이웃에게로 확장됩니다. 이것이 세상에서 천국이 확장되는 방식입니다.

야곱의 사다리를 오르내리는 천사들은 야곱을 중심으로 수많은 하나님의 일이 이루어지고 있음을 보여 줍니다. 그러나 야곱은 자신의 삶에서 하나님이 하시는 일을 제대로 인식하지 못합니다. 오늘날의 그리스도인들도 이와 다르지 않습니다. 각 그리스도인을 중심으로 많은 하나님의 일이 성취되고 있지만, 그는 그것을 모두 알지는 못합니다. 이는 그 일이 혼이 아니라 영과 성령, 그리고 하나님의 사자들에 의해 이루어지기 때문입니다.

그렇다면 하나님이 영을 통해 일하시는 가운데, 왜 우리의 혼도 하나님의 뜻을 알아야 할까요? 이는 그리스도인이 육체를 가지고 있으며, 그 육체를 통해 영적 세계의 메시지를 전할 수 있기 때문입니다. 혼이 하나님의 뜻을 알게 되면, 영의 일이 육체를 통해 전달되고, 이를 통해 하나님의 사자들이 동원되어 하늘의 일이 이루어집니다.

이처럼 야곱의 사닥다리 사건은 하나님이 세상을 주권적으로 다스리고 계심을 보여 줍니다. 하지만 세상은 죄로 인해 하나님의 통치 밖으로 나갔습니다. 아담과 하와가 에덴동산에서 쫓겨난 것도 이 때문입니다. 하나님은 통치에서 벗어난 이들을 다시 하나님의 다스림으로 이끄는 일을 아브라함을 통해 시작하셨습니다. 지금도 하나님은 예수 그리스도를 통해 완전한 길을 열어, 사람들을 하늘의 통치 안으로 들어오게 하고 계십니다. 이 일은 야곱처럼 하나님의 축복을 받은 자들을 통해 이루어집니다. 야곱의 사닥다리 꿈은 이 사실을 알려 줍니다. 하늘과 연결된 자들은 하나님이 세상에서 자신의 역사를 이루시는 통로가 됩니다.

영이신 하나님은 육체를 가진 야곱에게 꿈을 통해 사닥다리와 천사들을 보여 주셨습니다. 육체를 가진 인간은 죄로 인해 영이 오염되어 하나님의 뜻을 알지 못하게 되었기 때문입니다. 그래서 하나님은 특별한 방식으로 자신의 뜻을 직접 알려 주셔야 했습니다. 꿈은 그런 방식 중 하나입니다. 꿈을 통해 하나님의 뜻을 깨달은 자들은 혼으로 그것을 인식하고 하나님과의 교통을 시작하게 됩니다. 하나님은 이러한 사람들을 통해 세상에서 자신의 일을 이루십니다. 꿈은 혼이 영의 생각을 알 수 있도록 돕는 도구가 될 수 있습니다.

야곱은 사닥다리를 본 그곳의 이름을 벧엘이라 불렀습니다. 이는 '하나님의 집'이라는 뜻입니다. 본래 그곳의 이름은 루스였으나, 야곱으로 인해 벧엘로 바뀌었습니다. 이는 평범한 세상의 한 장소가 하나님의 땅으로 변하여 그 속성이 달라졌음을 보여 줍니다. 어떻게 그렇게 될 수 있습니까? 그것은 야곱과 같은 자가 그곳에 서 있었기 때문입니다. 야곱과 같은 사람이 있는 곳은 어디든지 벧엘이 됩니다. 그들이 서 있는 장소는 천국으로 변하고, 하나님의 구속의 역사가 이루어지는 특별한 장소가 됩니다. 이러한 권세를 가진 자들이 바로 성령세례를 받은 자들입니다. 그들은 어디를 가든 그곳을 천국으로 변화시키며, 그들이 서 있는 자리마다 하나님의 일이 진행됩니다.

사닥다리 꿈을 꾼 야곱은 다음과 같이 서원합니다. 하나님께서 그의 길을 지켜 주시고, 먹을 것과 입을 옷을 주시며, 평안히 아버지의 집으로 돌아가게 하신다면 여호와를 자신의 하나님으로 섬기겠다고 다짐합니다. 또한, 그가 세운 이 돌을 하나님의 집으로 삼고, 하나님께 받은 모든 것에서 십분의 일을 드리겠다고 말합니다. 이것은 당시 야곱의 절박한 심정을 보여 줍니다. 그는 하나님의 계획을 전혀 알지 못한 채 단지 하란에 가서 다시 가나안 땅에 있는 아버지의 집으로 무사히 돌아오는 것을 삶의 목표로 삼았습니다. 그래서 그는 하나님께서 자신을 지켜 주신다면 여호와를 자신의 하나님으로 섬기고, 기념으로 세운 돌기둥을 하나님의 집으로 삼으며, 평생토록 십일조를 드리겠다고 다짐한 것입니다. 여기서 십일조는 자신의 마음이 세상의 재물에 매이지 않고 하나님께 향하도록 하겠다는 의지를 나타냅니다. 이는 재물이 사람의 마음을 쉽게 사로잡을 수 있기 때문입니다.

야곱이 본 사닥다리의 꿈은 하나님이 야곱을 하나님께로 묶은 영적인 끈인 반면, 이 야곱의 십분의 일 약속은 야곱이 하나님을 그에게 묶은 영적인 끈이 됩니다. 이 끈은 세상의 어떤 것도 끊을 수 없는 신비한 끈입니다.

## 3. 운명적 만남은 하나님이 예비하신다
### - 삶을 바꾼 한 순간(창29:1-9)

야곱의 사닥다리 꿈은 하나님께서 세상에서 육체를 가진 자 중 야곱을 통해 하나님의 역사를 이루고 있음을 보여 준 사건입니다. 야곱은 육적인 세상에서 하늘의 은혜를 받는 자가 되었습니다. 하나님은 그에게 하나님의 기업을 상속하셨으며, 그를 통해 위대한 하나님의 뜻을 이루실 계획이 있었습니다. 이제 야곱이 머무는 모든 곳은 하나님의 사자가 동행하는 장소가 됩니다. 다시 말해, 야곱은 하나님의 나라가 되었으며, 그가 가는 곳은 하나님의 나라가 움직이는 것과 같다고 할 수 있습니다. 하나님께서는 벧엘에서의 꿈을 통해 야곱에게 참된 영적 삶의 비밀을 알려 주셨습니다.

야곱은 하나님의 뜻을 깨달은 후 하란으로 향합니다. 그는 양 떼가 있는 우물가에 도착하여 그곳에서 하란에서의 삶을 기쁨으로 채워 줄 아내 라헬을 만나게 됩니다. 그러나 야곱은 라헬을 만난 순간 그 만남이 영적으로 어떤 의미를 가지는지 전혀 알지 못했습니다. 이 만남을 계기로 야곱은 네 명의 아내를 맞이하게 되고, 그들로부터 열두 아들을 얻게 됩니다.

야곱은 이삭으로부터 축복을 받은 이후 땅에 존재하는 하나님의 나라로 세워졌습니다. 이는 아브라함이 하나님으로부터 받은 약속이 이삭을 통해 야곱에게 상속되었기 때문입니다. 하나님께서는 벧엘에서 사닥다리의 꿈을 통해 야곱이 하나님의 나라와 연결되어 있음을 명확히 보여 주셨습니다. 야곱이라는 한 사람을 통해 하나님의 나라가 세워졌음을 확인시켜 주신 것입니다. 이처럼 하나님의 나라가 된 자들은 일상 속에서도 하나님의 인도하심 아래 하나님의 역사를 이루어 갑니다. 이것이 바로 야곱과 같은 축복을 받은 자들의 삶의 속성입니다.

하나님께서는 하란에서의 야곱의 삶을 통해 그를 중심으로 하나님의 나라를 건설하셨습니다. 야곱이 우물가에서 라헬을 만난 것은 하나님께서 그에게 기업을 경영할 돕는 배필을 허락하신 사건입니다. 하나님은 상속자인 야곱에게 하나님의 뜻을 이루기 위해 네 명의 돕는 배필을 주셨으며, 그중 라헬은 상속자를 낳는 과정에서 큰 고통을 겪었습니다. 그녀는 이스라엘, 즉 하나님의 나라의 상속자를 낳기를 간절히 바란 어머니의 상징이 됩니다. 이 모든 하나님의 역사 속에서도 야곱과 라헬은 처음 만남의 순간, 그들이 이루게 될 위대한 하나님의 계획을 알지 못한 채 우물가에서 서로를 마주하게 됩니다.

야곱은 하나님의 기업의 상속자를 예표하는 인물입니다. 그러나 참된 기업의 상속자는 다름 아닌 예수 그리스도이십니다. 이스라엘 백성은 모형의 기업을 경영하며 참된 상속자가 나타나기를 기다렸습니다. 마침내 때가 되어 하나님의 참된 아들 예수 그리스도께서 하나님 나라의 실제 상속자로서 이스라엘 땅 베들레헴에 탄생하셨습니다. 하지만 이스라엘은 하나님의 참된 아들이 이 땅에 처음 오셨을 때 그를 애굽으로 쫓아냈습니다. 이 사건을 두고 마태는 "라마에서 슬퍼하며 크게 통곡하는 소리가 들리니 라헬이 그 아들을 위해 애곡하는 것이라"(렘 31:15, 마 2:18)고 기록했습니다. 이는 이스라엘이 참된 기업의 상속자가 왔을 때 그를 알아보지 못하고 오히려 멀리 내쫓았음을 뜻합니다. 여기서 라헬은 기업을 이어 갈 아들을 낳기를 간절히 소망했던 이스라엘 모든 여인을 상징입니다. 이 말씀은 이스라엘의 상속자들인 어린 소년들이 바벨론으로 끌려가던 상황과 연결되며, 상속자를 잃어버린 이스라엘 여인들의 슬픔을 대변합니다. 예레미야의 이 말씀은 결국 육적 이스라엘이 참된 하나님 기업의 상속 자격을 잃게 되는 사건으로 완성됩니다.

이스라엘은 원래 참된 하나님 나라를 상속받을 나라였습니다. 그러나 정작 상속자가 왔을 때 이스라엘은 그를 받아들일 수 없는 상태였고, 결국 주류 집단은 그를 십자가에 못 박는 일에 동참했습니다. 상속자가 왔을 때 그를 죽이고 나라를 자기들의 것으로 삼으려 한 것입니다. 그러나 그분께는 생명이 있었으므로 죽음에 머물지 않으시고 부활하심으로 참된 하나님 기업의 상속자가 되셨습니다. 그렇다면 그 하나님의 기업은 어디에 있을까요? 아브라함에게 맹세로 약속하신 그 기업의 실제적 성취는 예수 그리스도의 십자가 죽음으로 시작됩니다. 예수 그리스도께서는 십자가 죽음을 통해 육체를 가진 사람들 속으로 직접 들어오셔서 그들을 통해 하나님의 기업을 이루어 가고 계십니다. 그분은 그리스도의 제자들 안에서 참된 상속자의 삶을 살아가십니다. 그분은 세상에 오실 때 '예수'라는 아름다운 이름을 기업으로 받으셨으므로, 그 이름 안에서 상속자의 삶을 완성하십니다. 하나님의 참된 기업은 바로 예수라는 이름으로 세상 사람들을 구원하는 데 있습니다. 예수 그리스도께서 우리의 육체 안에 들어오셔서 그 구원을 이루어 가고 계십니다. 이것이 바로 상속자의 삶입니다.

그렇다면 그리스도의 신부인 우리는 누구입니까? 우리는 신랑이신 예수 그리스도의 돕는 배필입니다. 하나님께서 라헬을 야곱의 돕는 배필로 주셨듯, 우리도 예수 그리스도의 돕는 배필로서 그분과 함께합니다. 하나님께서는 참된 하나님의 기업을 예수 그리스도와 그 돕는 배필을 통해 이루고 계십니다. 그리스도의 신부인 우리는 철저히 돕는 배필의 역할을 감당해야 합니다. 예수 그리스도 곁에서 그분이 하나님의 나라를 이루시도록 돕는 것이 우리의 사명입니다. 따라서 신부인 우리는 주체가 아닙니다. 신랑이신 예수 그리스도가 주체가 되어 하나님 나라를 완성하십니다.

하나님의 기업은 세상의 기업처럼 단순히 아버지의 소유를 물려받는 것이 아닙니다. 그것은 마귀에게 빼앗긴 것을 하나님의 이름, 곧 예수의 이름으로 되찾는 일입니다. 야곱은 그의 돕는 배필인 라헬과 함께 하나님 기업의 기초를 놓으며 자신에게 주어진 삶을 충실히 살았습니다. 그는 몰랐지만 하나님은 상속자인 야곱을 통해 수많은 하나님의 일을 이루셨습니다. 이 시대 그리스도의 돕는 배필인 우리도 마찬가지입니다. 우리가 알지 못하는 사이 우리를 중심으로 하나님의 거대한 역사가 지금도 이루어지고 있습니다. 돕는 배필인 신부가 할 일은 신랑 되신 그리스도의 뜻을 알고 우리 육체가 그 뜻에 순종하도록 하는 것입니다. 최고의 신부란 신랑의 뜻을 깊이 이해하고 그 길을 따르는 자입니다. 그러나 신부인 우리 안에는 하늘에 속한 부분과 세상에 속한 부분이 공존합니다. 우리가 흔히 '나'라고 인식하는 의식은 세상에 속한 영역입니다. 이것은 '혼'이라고도 불리는데, 이 혼의 영역에 하늘의 생각이 들어올 때, 세상의 의식이 하늘의 영역으로 변화됩니다.

벧엘에서부터 야곱의 삶은 완전히 새로운 국면에 접어듭니다. 야곱은 이제 그의 혼, 즉 의식이 하나님을 인식하는 단계에 이르게 되었습니다. 이전까지 그는 막연히 하나님의 축복만을 얻고자 애쓰는 자에 불과했지만, 이제는 하나님을 의식적으로 깨닫는 자로 변화된 것입니다. 이 변화는 단순한 의식의 전환이 아닌, 야곱의 삶에 깊은 의미를 지닙니다. 그의 의식에서 하늘의 영역이 드러난다는 것을 의미하기 때문입니다.

야곱의 의식이 하나님과 만났다는 것은 그의 의식이 하늘의 것으로 충만해졌음을 의미합니다. 사람에게 의식은 곧 인격이며, 그 의식이 무엇으로 채워지는지가 그의 인격을 결정짓습니다. 한 사람의 의식이 학대와 같은 부정적인 것으로 채워진다면, 그의 인격은 학대받은 자의 모습으로 드러날 것입니다. 반면, 의식이 사랑으로 채워진다면, 그 인격은 사랑을 반영하게 됩니다. 이처럼 인격이 형성되기 전의 환경은 매우 중요합니다. 그러나 한 사람의 의식이 하나님의 영에서 오는 생각들로 채워진다면, 그는 하나님의 성품을 닮아 가는 자가 될 것입니다.

물과 성령으로 거듭난 자는 영이 새롭게 태어나 하나님의 영, 즉 하늘이 그의 영 속에 임하게 됩니다. 하늘의 생각은 지속적으로 그의 의식에 공급되며 그의 의식이 이 생각을 이해하고 받아들이게 되면 의식은 하늘의 것으로 가득 차게 됩니다. 이로써 그의 의식은 하늘이 되고, 그 의식이 행동으로 드러나면 그의 육체 또한 하늘의 영역에 속하게 됩니다. 하지만 물과 성령으로 거듭난 자라도 그의 의식은 육체의 생각에 영향을 받을 수 있습니다. 그래서 사도 바울은 우리에게 육체의 생각을 따르지 말고 영의 생각을 따르라고 권면합니다. 우리가 영의 생각을 따라 매일 행동한다면, 육체는 점차 영을 따르는 습성이 형성될 것입니다. 이것이 곧 경건의 훈련입니다. 세상의 운동선수들조차 자신의 의식을 육체로 드러내기 위해 끊임없이 훈련하지 않습니까? 마찬가지로 그리스도인도 경건의 훈련을 통해 영의 생각이 몸에 배게 될 때, 그의 육체는 온전히 하나님의 나라를 반영하게 됩니다. 하나님은 이처럼 훈련된 자들을 통해 하나님의 일을 이루십니다.

육체를 가진 사람은 쓴 뿌리도 낼 수 있고 단 뿌리도 낼 수 있습니다. 성경은 한 사람에게서 쓴 뿌리가 나면 그가 다른 이들에게 고통을 주고, 많은 사람을 더럽게 만든다고 경고합니다(히 12:15). 그러나 우리는 그리스도 안에서 쓴 뿌리를 내는 자가 아니라 단 뿌리를 내는 자들입니다. 우리의 내면에는 하늘이 자리하고 있으며, 이 하늘은 우리의 의식에 단물을 공급하기 때문입니다. 사도 바울도 다메섹에서 부활하신 예수 그리스도를 만나기 전에는 쓴 뿌리와 같은 존재였습니다. 그러나 그가 변화된 이후에는 단 뿌리가 되어 수많은 사람을 깨끗하게 하였습니다. 우리 역시 쓴 뿌리가 아니라 단 뿌리로서 다른 사람을 깨끗하게 하고 하나님을 증거하는 자들입니다.

## 4. 진짜 사랑은 기다릴 줄 안다
### - 야곱의 끝없는 기다림의 사랑법(창29:10-20)

야곱이 받은 축복은 하나님의 기름 부으심이었습니다. 그러나 그것은 단순히 세상에서 잘 먹고 잘사는 종류의 축복이 아니었습니다. 이 축복은 하늘나라, 즉 하나님 아버지의 기업을 이루는 사명을 부여받았다는 것입니다. 하나님의 기업은 단순히 하늘에 있는 보이지 않는 어떤 이상적인 개념이 아니라 육체를 지닌 사람들이 하나님과 함께 이 땅에서 성취하는 것입니다. 야곱은 바로 그 기업을 이루기 위한 자로 선택을 받았으며 이것이 그에게 주어진 진정한 축복이라 할 수 있습니다. 따라서 야곱의 삶은 세상 속에서 하나님의 기업을 이루는 데 헌신하는 여정이었으며, 그 여정 속에서 하나님이 그와 동행하는 삶이었습니다. 그의 여정은 하란에서 시작되었고, 이는 라반의 딸 라헬을 만남으로 본격화되었습니다.

야곱은 브엘세바에서 벧엘로 가는 길에 하늘에 닿는 사닥다리가 놓인 꿈을 꾸면서 하늘의 임재를 감지할 수 있는 사람으로 변화되었습니다. 그런 야곱은 하란에서 라헬을 만나게 됩니다. 야곱과 라헬 모두 자신들의 만남이 하나님의 기업을 이루는 여정의 일부라는 사실을 당시에는 전혀 알지 못했습니다. 그러나 하나님은 그들의 일상적인 삶을 통해 기업을 이루어 가셨습니다. 인간의 뜻이 아닌, 하나님의 기름 부음을 받은 자들의 삶을 통해 하나님은 직접 그 기업을 이루어 가십니다. 기름 부음을 받은 자들은 그저 자신의 삶을 살아갈 뿐인데, 그 삶을 통해 하나님의 뜻이 은밀하고도 확실하게 이루어지는 것입니다.

야곱은 라헬과 외삼촌 라반의 양 떼를 보고 양들에게 물을 먹인 뒤 라헬에게 입을 맞추고 울면서 자신이 리브가의 아들임을 밝혔습니다. 이렇게 두 사람은 처음 만났습니다. 세상적 관점에서 보면 이는 단순한 만남이었지만, 영적인 관점에서는 하늘나라의 기초를 놓는 만남이었습니다. 야곱은 라헬을 처음 만난 순간부터 그에게 마음을 빼앗겼고 사랑하게 되었습니다. 라반은 한 달 동안 야곱을 지켜본 뒤 그를 머물게 하려 하였고, 야곱은 품삯으로 라헬과의 결혼을 요청했습니다. 이로 인해 야곱은 하란에서 20여 년간 머무는 삶을 삽니다. 그는 라헬을 얻기 위한 삶을 살았지만, 하나님은 기름 부음을 받은 자로서의 그의 삶을 통해 위대한 역사를 이루셨습니다. 하나님은 라헬을 통해 야곱을 하란에 머물게 하셨고, 그곳에서 열두 아들이 태어나도록 하셨습니다. 이것은 하나님의 뜻이었습니다. 열두 아들이 태어난 후에는 야곱을 다시 가나안으로 돌아가게 하시는 것이 하나님의 계획이었습니다.

야곱은 자신이 어떤 삶을 살고 있는지 알지 못했지만, 그의 삶은 하나님의 기업을 이루는 과정이었습니다. 하나님은 하란에서의 그의 삶을 통해 이스라엘 나라의 기초를 세우셨습니다. 야곱은 그저 자신의 삶을 살아갔을 뿐이지만, 하나님은 그의 삶을 통해 하나님의 계획을 성취하셨습니다. 그리고 하나님은 그의 이름을 '이스라엘'로 바꾸셨습니다. 야곱의 이름이 '이스라엘'로 바뀌었다는 것은 하나님이 그를 통해 하늘의 기업을 이루셨다는 것을 의미합니다. 그 기업은 이스라엘 나라였고, 야곱의 삶을 통해 하나님의 언약이 이루어진 것입니다. 하나님은 야곱과 같이 기름 부음을 받은 자들을 통해 이와 같은 기업을 이루십니다. 그래서 그 기업의 이름을 '이스라엘'이라 부르셨습니다. 이는 하나님이 야곱을 통해 이루신 나라가 '이스라엘'이라는 뜻이며, 야곱은 더 이상 한 개인이 아니라 하나님의 기업을 대표하는 존재가 되었습니다.

 야곱은 기업을 이루기 전에는 단지 한 사람에 불과했지만, 하란에서 20년을 보내며 기업을 이루는 삶을 산 후에는 더 이상 '야곱'이 아니라 '이스라엘'이 되었습니다. 그는 곧 하늘나라를 상징하는 존재가 되었으며, 그의 삶은 하나님의 뜻이 실현된 증거가 되었습니다.

 하란에서 라헬을 만나면서 시작된 야곱의 삶은 그를 위대하게 만들어 가시는 하나님의 모습을 보여 줍니다. 하나님께서 사람에게 기름을 부으시면, 아무리 평범한 사람이라도 야곱이 이스라엘이 된 것처럼 위대한 존재로 변화됩니다. 이는 막대기 같은 무생물이 살아 있는 존재가 되는 것과도 같습니다. 그 존재는 곧 하나의 나라로 확장됩니다. 하나님의 나라는 세상에 없는 생명의 나라입니다. 하나님께서는 이 나라가 사람으로부터 시작된다는 사실을 야곱의 삶을 통해 드러내셨습니다. 하나님이 야곱과 함께하셨으므로 그는 '이스라엘'이 되었습니다. 그렇게 탄생한 이스라엘은 단순한 나라를 넘어 생명의 나라로 자리 잡습니다.

 야곱이 이스라엘이 되었다는 것은 세상에서 더 이상 그를 이길 자가 없음을 의미합니다. 어떤 사탄의 세력도 그를 이길 수 없습니다. 이는 성령의 기름 부음을 받은 그리스도인들이 하나님과 동행하며 하나님의 뜻을 이루어 갈 때, 그들 또한 세상에서 누구도 그들을 이길 자가 없음을 보여 줍니다. 따라서 '야곱'이 '이스라엘'로 변화된 것은 그가 하나님의 기업을 이루는 자가 되었음을 나타냅니다. 이제 그의 나라에는 많은 사람들이 함께하게 됩니다. 이스라엘 나라는 야곱 한 사람으로부터 시작되었지만, 그 나라가 한 사람에게만 머무르지 않고 점차 확장되어 수많은 사람이 그 안으로 들어오게 되는 거대한 나라로 성장합니다. 그것이 바로 이스라엘 나라입니다.

　야곱의 삶은 하나님의 기업이 어떻게 성취되는지를 보여 주는 영적 모형이라 할 수 있습니다. 이 시대 성령세례를 받은 자들은 모두 야곱처럼 영적 기업을 성취하는 자들입니다. 구약 시대의 이스라엘 나라는 영적 이스라엘 나라의 기초를 놓았으며, 그 기초 위에 오늘날의 영적 이스라엘 나라가 세워지고 있습니다. 이 나라를 세우는 자들이 바로 성령세례를 받은 이 시대의 하나님의 아들들입니다. 성령세례를 받은 하나님의 자녀들은 야곱처럼 각자의 삶을 통해 하나님의 기업을 이루어 하나님의 나라, 곧 이스라엘을 세우는 자들입니다. 이 시대에 하나님의 자녀들이 나타난 이유가 바로 여기에 있습니다. 그들은 각자의 삶을 통해 이스라엘 나라를 건설하는 자들입니다. 성령께서 각 사람을 통해 하나님의 기업을 이루실 때, 그 사람은 곧 이스라엘 나라가 되고, 그곳에는 수많은 사람들이 모이게 됩니다. 천국 비유 중 겨자씨의 비유가 이를 잘 설명해 줍니다.

　기름 부음을 받은 야곱의 삶은 하란에서 아내를 얻기 위한 양치기 생활로 시작되었습니다. 언뜻 보기에 이는 무의미한 삶처럼 보일 수 있지만, 하나님께서는 그것을 의미 있는 삶으로 바꾸셨습니다. 이는 야곱이 기름 부음을 받았기 때문입니다. 기름 부음을 받은 자의 삶은 반드시 의미를 갖게 됩니다. 그러므로 성령의 기름 부음은 인생에서 가장 본질적인 요소가 될 수 있습니다. 이 시대에 성령세례를 받고 성령을 따르는 삶은 그 사람의 인생을 참된 의미와 목적으로 채웁니다. 더불어, 기름 부음을 받은 자의 삶에는 참된 기쁨이 따릅니다. 야곱이 칠 년을 며칠같이 여겼다는 기록은 야곱이 누렸던 삶의 기쁨을 잘 보여 줍니다. 이는 곧 하나님께서 주시는 참된 즐거움의 삶을 의미합니다.

하나님의 기업은 세상 한가운데서, 곧 우리가 살아가는 바로 그 자리에서 성취됩니다. 이 기업은 아브라함에서 이삭으로, 이삭에서 야곱으로, 야곱에서 이스라엘의 열두 지파로 이어졌습니다. 이렇게 계속해서 상속된 하나님의 기업은 예수 그리스도께로 이어졌고, 다시 그리스도를 통해 제자들에게 전해졌습니다. 이 기업은 하나님께서 아브라함에게 맹세로 주신 약속입니다. 그 약속은 세상 한복판에서 성취되었으며, 아브라함, 이삭, 야곱, 열두 지파, 그리고 예수 그리스도까지 모두 그 약속을 이루셨습니다.

하나님의 기업은 다양한 삶의 모습을 통해 성취됩니다. 하나님은 시대마다 여러 형태의 삶을 통해 이 약속을 이루셨습니다. 이 기업은 하나님께서 맹세로 보증하신 약속이므로 결국 하나님 자신이 친히 이루시는 일입니다. 하나님이 아브라함에게 맹세로 약속하신 것은, 그 약속을 반드시 성취하시겠다는 하나님의 확고한 의지를 드러내신 것입니다. 예수 그리스도를 이 땅에 보내신 것도 하나님께서 맹세로 하신 약속을 이루시기 위함이었습니다.

이제 그 맹세의 약속은 오늘날 육신을 지닌 그리스도인들에게 상속되었습니다. 즉, 지금은 그리스도의 제자들이 세상에 씨를 뿌리는 시대입니다. 세상은 그 씨앗을 뿌리는 밭이며, 우리는 세상 바깥이 아니라 세상 중심에서 씨를 뿌려야 합니다. 그리스도의 제자들은 자신이 받은 부르심에 합당한 씨를 뿌려야 합니다. 유대인으로 부름받았다면 유대인들 사이에서, 할례자로 부름받았다면 무할례자처럼 행세하지 말고, 무할례자로 부름받았다면 할례자처럼 행세하지 말아야 합니다. 각자 부름받은 상태 그대로 그 자리에서 씨를 뿌려야 합니다. 그러면 하나님께서 그 씨를 자라게 하시고 결실을 맺게 하실 것입니다.

하나님은 맹세로 약속하셨으므로 그리스도의 제자들을 통해 그 약속을 친히 이루십니다. 이 약속은 하나님의 보증으로 확정된 것입니다. 때로는 그 약속을 이루기 위해 하나님의 강권적인 역사가 나타날 때도 있으며, 우리로 하여금 그러한 역사 속에서 깨닫게 됩니다. 하나님은 영적 지각을 통해 기업을 이루십니다. 따라서 성령을 통해 주어지는 깨달음은 하나님의 기업을 성취하는 중요한 도구입니다. 성령의 지각을 크게 사용한 대표적인 인물로는 사도 바울, 사도 베드로, 그리고 사도 요한이 있습니다. 이들은 성령의 지각을 온전히 활용하여 하나님의 뜻을 이루어 낸 장성한 믿음의 사람들이었습니다.

## 2부

## 상처받은 가정도 하나님이 회복시키신다

## 5. 외로움 속에 들린 위로
### - 보이지 않는 품에 안기다(창29:21-35)

　범죄한 사람들은 세상을 보는 눈이 열렸기 때문에 하나님께서 그들의 혼과 육체에 함께하셔도 세상을 볼 수밖에 없는 존재가 되었습니다. 인간은 에덴동산에서 마귀의 유혹을 받아 선과 악을 알게 하는 나무의 실과를 먹으면서 세상을 보는 눈이 열렸지만, 동시에 하늘, 즉 영적 세계를 보는 눈은 닫히고 말았습니다. 하나님께서는 그런 인간과 계속 교제하기 위해 제사법을 알려 주시고, 그 법에 따라 제사를 드리는 자들과 교제하셨습니다. 그러나 인간은 하나님과 제사를 통해 교제하면서도 세상에 눈이 열린 이후로 세상 딸들의 아름다움을 보기 시작했습니다. 결국, 이로 인해 네피림 종족이 출현하였고, 세상은 거짓과 살인이 난무하는 곳으로 변질되었습니다. 이는 육적 세계를 보는 눈이 열린 자들에게 짐승의 제사를 통해서는 세속적 욕망을 제어할 수 없다는 것을 보여 줍니다.

　하나님께서는 결국 노아를 통해 방주를 예비하게 하시고, 홍수로 세상을 심판하셨습니다. 이후 하나님은 노아와 무지개 언약을 맺으셨습니다. 이 언약은 다시는 노아의 홍수와 같은 방식으로 인간을 심판하지 않으시겠다는 약속입니다. 그러나 이는 인간의 근본이 바뀌지 않아서 네피림이 출현하고 세상에 살인과 거짓이 난무했던 상황을 근본적으로 해결하기 위한 새로운 계획을 포함하고 있습니다. 범죄한 인간의 본질을 바꾸기 위해 하나님께서 직접 세상에 오셔서 제물이 되셔야 했던 것입니다. 이 무지개 언약의 성취를 위해 하나님은 아브라함을 선택하셨습니다. 이러한 맥락에서 아브라함의 부르심을 이해해야 하며, 그가 가나안 땅으로 가라는 명령을 받은 이유도 이 안에서 설명될 수 있습니다.

 아브라함이 이삭을 모리아산에서 제물로 바쳤을 때, 하나님께서 맹세로 주신 약속은, 구원의 계획을 인간을 통해 성취하시겠다는 하나님의 뜻이었습니다. 이는 하나님께서 하늘을 세상 한복판으로 옮기셔서 그곳에서 이를 이루시겠다는 뜻이며, 인간의 탐욕과 전쟁이 난무하는 세상 한가운데에서 하늘을 세우시겠다는 뜻을 보여 주신 것입니다. 따라서 세상에서의 하늘은 이 약속의 기업을 성취하는 것을 중심으로 작동합니다.

 아브라함에게 있던 하늘은 이삭을 거쳐 야곱에게 상속되었습니다. 야곱은 그렇게 상속받은 하늘에서 기업을 성취하는 자가 되었습니다. 야곱의 첫 삶은 하란에 있는 라반의 집에서 시작되었는데, 그가 영적 기업을 성취하는 일은 거창하게 시작되지 않았습니다. 야곱은 라헬을 아내로 얻기 위해 7년을 일하면서 일상적인 평범한 삶을 살았습니다. 그러나 하나님께서는 이 일상의 삶을 통해 하늘을 건설하는 기초를 놓으셨습니다. 하나님의 일은 세상 사람들에게 거창하게 드러나지 않고, 조용히 진행되며 완성됩니다. 야곱의 삶도 그러했습니다. 그는 평범해 보이는 삶 속에서 하나님께서 계획하신 기업을 이루는 도구가 되었습니다.

 야곱이 아내를 얻어 자녀를 출산하는 삶은 하나님이 아브라함에게 약속하신 자손의 번성을 이루는 과정이었습니다. 그러나 야곱이 자녀를 낳는 일은 단순히 일반적인 출산과는 본질적으로 다릅니다. 그의 자녀 출산은 하늘의 자녀를 낳는 것과 같습니다. 이는 야곱이 하늘나라를 상속받은 존재이기 때문입니다. 야곱이 가는 곳마다 하늘이 함께하므로 그가 머무는 곳은 곧 하늘이 됩니다. 따라서 라반의 집도 야곱이 머문 덕분에 하늘이 되었고, 그 집에 있던 사람들은 야곱을 통해 하나님의 약속을 이루는 데 동참하게 되었습니다. 비록 집안의 주인이 라반이었지만, 실상은 야곱을 중심으로 하늘의 질서가 운영되었고, 그 집의 사람들은 모두 야곱의 하늘이 온전히 유지되도록 돕는 역할을 하였습니다.

라반의 집에서 야곱을 가장 먼저 도운 사람은 라헬이었으며, 그녀를 얻기 위해 야곱은 7년 동안 봉사했습니다. 그런데 야곱을 돕는 또 다른 사람 레아가 나타났습니다. 어떠한 이유에서든 레아는 야곱의 첫 번째 아내가 되었고, 그와 함께 하늘의 일에 동참하는 삶을 살게 됩니다. 이는 하나님의 뜻이었습니다. 라반이 야곱을 하란에 머물게 하려고 레아를 첫 번째 아내로 보낸 일도 영적인 관점에서 보면 하나님의 주관 아래 있었습니다. 우리는 여기서 영적인 시각과 육적인 시각의 차이를 분별해야 합니다. 육적인 관점에서 보면 야곱이 레아를 아내로 맞이한 것은 단지 라반의 속임수로 볼 수 있지만, 영적 관점에서는 그것이 하나님의 뜻이었습니다. 야곱은 그의 상황을 순순히 받아들이고, 라헬을 얻기 위해 다시 7년 동안 봉사할 것을 결심했습니다.

영적인 관점에서 야곱이 레아를 아내로 맞이한 것은 그에게 축복이었습니다. 육적인 관점에서는 라반에게 속은 일이었으나, 영적으로는 하나님께서 이를 통해 약속을 이루신 것입니다. 레아를 통해 야곱은 여섯 명의 아들을 낳았으며, 이는 하나님의 계획 안에서 이루어진 일이었습니다. 영적인 세계의 흐름은 무지개 언약과 아브라함에게 하신 하나님의 맹세에서 확인할 수 있듯이 영적인 시각으로 보아야만 이해할 수 있습니다. 그러나 육적인 관점, 즉 현재의 상황만을 바라보면 이는 단순히 라반의 속임수로 인한 억울한 사건으로 비칠 뿐입니다.

이러한 관점은 오늘날 성령의 시대를 살아가는 우리에게도 적용됩니다. 우리가 처한 환경을 노아의 무지개 언약과 아브라함의 약속과 연관 지어 분별하면 영적인 흐름을 볼 수 있습니다. 그러나 현재 상황만을 바라보면 육적인 시각에 갇히게 됩니다. 하나님은 성령의 사람들을 통해 이 시대에 약속을 이루십니다. 야곱이 깨닫지 못한 채 하나님의 약속을 이룬 것처럼, 우리 역시 하나님의 뜻을 깨닫지 못한 상태에서도 우리의 삶을 통해 하나님의 계획이 이루어지고 있습니다. 이 과정에서 하나님은 우리가 영적으로 성숙하기를 원하십니다. 영적 성숙이란, 현재의 삶이 무지개 언약과 아브라함의 약속 성취 안에 있음을 스스로 인식하는 것입니다. 하나님의 목적은 무지개 언약과 아브라함의 약속을 이루는 것입니다. 이는 일상의 삶 속에서 선과 악을 분별하며 영적으로 성장하는 것을 의미합니다. 성숙한 이들은 연단을 통해 선악을 분별할 줄 알며, 죽은 행위에 매이지 않고 영적인 지각을 사용하는 사람들입니다.

교회사에서 우리는 그리스도의 가르침이 율법과 도덕으로 왜곡되었던 사례를 볼 수 있습니다. 영적 지도자들은 하나님의 약속 성취를 인식하지 못한 채, 성경에 나타난 피상적인 율법 준수를 핵심으로 삼아 다른 복음을 만들어 냈습니다. 갈라디아교회에서는 할례를 받는 것을 선이라 주장하며 교인들을 가르친 이들이 있었고, 고린도교회에서도 율법을 강조한 자들이 있었습니다. 중세 시대에는 성직자의 권위와 로마 교황청, 교회 건물이 선으로 간주되었으며, 종교개혁 이후 현대에는 교회 건물과 교인의 수가 선으로 여겨지기도 했습니다. 특히 우리나라에서는 술과 담배를 금하는 것이 선으로 강조되는 풍조가 있었습니다. 이처럼 그리스도의 가르침이 핵심을 잃고 지엽적인 것에 치우치면서 교회는 세속적으로 타락했습니다. 이는 성령의 가르침을 따르지 않고 성경을 가까이하지 않았기 때문입니다. 성령 세례를 받은 이들이 성경을 가까이하지 않으면 세속적 풍조에 빠져 잘못된 복음을 따를 수 있습니다.

레아가 야곱의 아내가 되는 순간, 세상에서 하늘은 세 영역, 즉 야곱, 레아, 실바로 늘어나게 됩니다. 이는 레아와 그의 몸종 실바가 야곱의 가족이 되었기 때문입니다. 7년이 지나 야곱의 나라는 세 영역으로 확장되었습니다. 그리고 야곱이 레아와의 결혼식을 마친 지 7일 만에 라헬이 자신의 여종과 함께 야곱의 아내가 되어, 야곱의 나라는 다섯 영역으로 늘어났습니다. 하나님은 레아가 야곱의 사랑을 받지 못하는 것을 보시고, 그녀의 태를 여셔서 첫 아들 르우벤을 낳게 하셨습니다. 레아는 오직 남편의 사랑만을 갈망했습니다.

그러나 하나님은 레아를 통해 하나님의 나라를 확장하는 일을 이루셨습니다. 레아는 남편의 사랑을 간절히 바랐지만, 그녀가 야곱에게 속했으므로 그녀를 통해 하나님의 계획은 멈추지 않았습니다. 셋째 아들 레위를 낳기까지 레아는 여전히 남편의 사랑을 갈구했으나, 네 번째 아들 유다를 낳으며 비로소 여호와 하나님을 찬양하기 시작했습니다. 이로써 레아의 시선은 남편에서 하나님으로 옮겨집니다. 아이들을 낳으며 성숙해진 레아는 더는 야곱에게 종속되지 않고, 하늘의 일부로서 아브라함의 기업을 이루는 사람이 되었습니다. 특히, 유다를 통해 예수 그리스도가 탄생하게 되면서, 그녀는 하나님의 위대한 계획을 이루는 중요한 역할을 담당했습니다.

레아가 야곱의 아내가 되는 순간, 그녀는 하늘의 일부가 되었고 아브라함의 기업을 상속받는 자리에 오르게 되었습니다. 하나님은 레아와 함께 하시며 아브라함의 기업을 성취하도록 인도하셨습니다. 라헬, 실바, 빌하

역시 이 기업의 상속자로서, 야곱을 중심으로 서로 연합하여 아브라함의 기업을 이루었습니다. 이 공동체는 세상 가운데 세워진 하나님의 나라였으며, 스스로 확장하는 특징을 지녔습니다. 그 나라는 세상의 중심에서 자라며 세상을 정복해 갔습니다. 야곱의 가족 70명으로 시작된 이 나라는 애굽땅에서 수백 년 동안 약 250만 명에 이르는 큰 민족으로 번성하였습니다. 하란과 애굽은 세상의 중심지였습니다. 그 한복판에서 하나님의 나라는 아브라함의 후손들을 통해 거대한 국가 이스라엘로 성장했습니다. 하나님은 이렇게 확장된 이스라엘 공동체에 율법과 성막을 주시며 그들과 함께 거하셨습니다.

라헬이 자녀를 갖지 못했던 이유는 하나님께서 그녀의 태를 닫아 두셨기 때문입니다. 하나님은 레아, 빌하, 실바에게서 아들을 낳게 하신 뒤, 마지막에 라헬의 태를 여셨습니다. 이는 야곱의 나라를 더욱 확장하기 위함이었으며, 결국 야곱의 나라는 네 아내에게서 태어난 열두 아들과 딸 디나까지 합해 총 17명으로 이루어졌습니다.

야곱이 하란에서 보낸 시간은 세상 한복판에서 하나님의 나라가 확장되는 과정을 보여 줍니다. 14년 후, 야곱은 라반으로부터 독립하게 됩니다. 이전까지 라반의 집안이 야곱을 통해 축복받아 하늘나라와 같았다면, 이제는 야곱의 집안이 독립하여 새로운 하늘나라가 되었습니다. 라반의 집안에 머물렀던 축복은 이제 야곱의 집안으로 옮겨 갔으며, 그와 함께 야곱의 재산도 크게 증가했습니다.

## 6. 질투가 만든 대화, 해답은 기도였다
### - 라헬의 눈물 뒤 희망(창30:1-13)

　라헬은 아들을 낳지 못하자 야곱에게 간청하며 자식을 낳게 해 달라고 부탁했습니다. 그녀는 그렇지 않으면 차라리 죽는 것이 낫다고 말했습니다. 이는 아이를 갖고자 하는 라헬의 간절한 절규라 할 수 있습니다. 야곱은 라헬이 임신하지 못하는 이유는 하나님께 있다고 말하며 자신으로서는 어찌할 도리가 없다고 했습니다. 야곱이 하나님의 기업을 상속받은 자라 해도 그의 생각대로 하나님의 기업이 이루어지는 것은 아닙니다. 이는 어디까지나 하나님께서 야곱을 통해 그 기업을 이루시는 것이므로, 야곱의 뜻으로 하나님의 뜻을 바꿀 수 없다는 것입니다. 라헬이 아이를 갖지 못해 절망할 때 야곱 또한 그녀가 임신하기를 간절히 바랐지만, 하나님의 허락 없이는 그 역시 아무것도 할 수 없었습니다.

　하나님은 라헬의 태를 닫으셨습니다. 라헬은 야곱의 돕는 배필로서 그의 삶에 의미를 더하는 존재여야 했지만, 아들을 낳지 못한다면 그 역할을 제대로 감당하지 못하는 셈이었습니다. 야곱의 돕는 배필로서 라헬의 역할은 아들을 출산하는 일이었으며, 그것이 곧 야곱의 기업을 이루는 일이었습니다. 따라서 아이가 없던 라헬은 야곱의 아내로서 자신의 자리를 온전히 채우지 못하고 의미 없는 삶을 살았다고 느꼈을 것입니다. 이에 그녀는 자신의 여종을 통해 아이를 얻기로 결심했습니다. 이는 돕는 배필로서의 역할을 하지 못한다는 자책 속에서 나온 라헬의 처절한 선택이었습니다. 하나님은 이러한 라헬의 행위를 긍휼히 보셨습니다. 라헬에게 있어 아이는 삶의 전부와도 같았으며, 그의 가장 큰 소망이었습니다. 결국 그녀는 여종 빌하를 통해 아이를 얻으며 억울함에서 벗어났다고 고백했습니다.

라헬이 아이를 갖지 못한 이유는 하나님께서 그의 태를 막으셨기 때문입니다. 당시 하란에서 하나님의 계획은 라헬과 레아뿐만 아니라 그들의 시녀들을 통해서도 자손을 낳게 하는 것이었습니다. 라헬이 시녀를 통해 아이를 낳자 레아 역시 자신의 시녀를 야곱에게 내어 주어 자손을 얻게 했습니다. 만약 라헬이 시녀를 통해 아이를 얻지 않았다면 레아도 같은 선택을 하지 않았을 것이며, 시녀들을 통한 자손의 탄생은 이루어지지 않았을 것입니다. 하나님은 레아, 빌하, 실바를 통해 열 명의 아들을 낳게 하신 후에야 라헬의 태를 여셨습니다. 이는 영적인 관점에서 이스라엘 12지파의 형성에 있어 라헬이 얼마나 중요한 역할을 하였는지를 보여 줍니다. 하나님은 야곱이라는 기업의 상속자를 통해 두 아내와 두 시녀를 돕는 배필로 삼으시고 이스라엘 12지파라는 위대한 기업을 이루셨습니다.

하나님은 인간의 생각과 다른 방식으로 그분의 기업을 이루십니다. 인간적인 관점에서 보면 야곱의 돕는 배필들은 저마다 고통과 바람을 품고 있었습니다. 레아는 야곱의 사랑을 받지 못해 괴로워했고, 라헬은 아이가 없어 고통받았으며, 빌하와 실바는 자신이 낳은 아이들이 주인의 아이가 되는 상황에 대한 복잡한 감정을 품었을 것입니다. 그러나 하나님은 이들의 생각과 감정을 초월해 하나님의 뜻을 펼치시며 이스라엘 12지파를 이루셨습니다.

야곱은 하나님의 기업을 상속받은 기름 부음 받은 자입니다. 하나님의 계획은 야곱을 통해 반드시 이루어지며, 그의 돕는 배필들이 이를 대신할 수는 없습니다. 돕는 배필들은 야곱을 통해서만 기업을 이룰 수 있었으며,

이는 인간의 노력으로만 이루어지는 일이 아님을 보여 줍니다. 마찬가지로 그리스도인들은 예수 그리스도의 돕는 배필로서 오직 그분을 통해 하나님의 기업을 이루게 됩니다.

이 시대 그리스도인들도 야곱의 아내들처럼 신랑 되신 예수 그리스도의 돕는 배필입니다. 돕는 배필의 역할은 그리스도의 씨를 출산하는 것입니다. 이는 하나님의 기업을 성취하기 위한 과정이며, 기업의 성취는 하나님 나라에서 진정한 선을 이루는 것입니다. 돕는 배필로 부름받은 목적은 영적인 출산을 이루는 데 있습니다. 오늘날 돕는 배필의 사명은 영적 출산이며, 이는 육적 출산과는 차원이 다릅니다. 영적 출산은 그리스도의 씨를 받아 그분의 뜻을 이루는 데 중점을 둡니다. 세상 부부들이 동침을 통해 자녀를 출산하듯, 영적 출산도 독특한 방식을 따릅니다. 그러나 그 방법은 훨씬 더 고귀하고 영적인 차원에서 이루어집니다.

예수 그리스도의 씨를 받는 길은 그분의 살을 먹고 피를 마시는 것입니다. 그리스도의 신부인 우리는 그분의 살과 피를 받아들임으로써 그리스도와 한 몸, 한마음이 되어 영적 출산을 경험하게 됩니다. 그렇다면 예수 그리스도의 살과 피를 먹고 마시는 구체적인 방법은 무엇일까요? 그것은 하나님의 말씀을 묵상하고 내면화하는 것입니다. 우리가 하나님의 말씀을 묵상하는 행위는 곧 영적 출산을 준비하는 과정입니다. 말씀을 통해 예수 그리스도와 연합하게 되면 우리는 그분을 전하는 자로 변화됩니다. 이때 기도는 필수적인 요소가 되며, 기도의 내용 역시 영적 출산을 위한 간구로 채워집니다. 기도는 영적 출산을 이루기 위한 초석이 됩니다.

영적 출산을 위해 기도할 때, 이를 돕는 환경이 조성됩니다. 기도가 시작되는 순간부터 천사들이 동원되어 그 환경을 돕기 때문입니다. 천사들이 하나님 기업의 상속자들에게 파견된 이유는 바로 이러한 영적 출산을 돕기 위해서입니다. 야곱이 본 사다리에서 하늘과 땅을 오르내리던 하늘의 사자들은 이러한 사명을 수행하는 자들입니다. 따라서 성령을 따르는 사람들은 영적 출산이라는 목표를 중심에 둘 때 비로소 모든 질서가 회복됩니다.

예수 그리스도의 돕는 배필은 세상에서 명확한 사명을 가지고 있습니다. 그것은 도덕적이고 윤리적으로 살아가는 데 머무르지 않으며, 세상의 존경을 받거나 좋은 직업을 가지는 것에도 국한되지 않습니다. 돕는 배필의 사명은 오직 하나, 세상에서 영적인 씨를 출산하는 것입니다. 이 일을 위해 살아가는 이들이 바로 돕는 배필입니다. 야곱의 아내 라헬은 돕는 배필로서 출산을 열망했던 인물이었습니다. 이 시대 그리스도의 돕는 배필 또한 라헬과 같은 마음가짐을 가져야 합니다. 라헬은 아이를 얻기 위해 남편에게 자신의 시녀까지도 줄 만큼 간절한 열망을 품었습니다. 이러한 이유로 라헬의 이름은 이스라엘 여성들 사이에서 출산에 대한 간절함을 상징하는 이름이 되었습니다.

야곱의 아내였던 라헬의 하란에서의 삶은 출산하지 않고는 견딜 수 없는 환경이었습니다. 레아가 네 명의 아들을 낳았을 때 라헬은 임신하지 못해 고통스러운 시간을 보냈습니다. 하나님은 야곱의 아내들이 출산의 열망을 갖도록 하는 환경을 만드셨습니다. 오늘날에도 하나님은 영적 출산의 환경을 조성하십니다. 이러한 환경은 출산을 준비하는 이들에게 큰 축복이 됩니다.

성령의 시대 영적 출산은 육체 속에서 영이 탄생하는 것입니다. 육체를 가진 이들이 전도자의 입을 통해 영의 말을 들을 때 영적 출산이 이루어집니다. 전도자는 자신 안에 있는 영의 말씀을 다른 사람들에게 전하는 이들입니다. 그들이 사람들과 같은 차원의 육체를 가지고 있기 때문에 가능한 일입니다. 하나님은 이러한 전도자들을 위해 복음의 환경을 준비하십니다.

육적인 관점에서 볼 때, 전도자들 역시 때로는 라헬처럼 억울한 마음이 들 수 있습니다. 그러나 전도자는 항상 영적 관점을 가져야 합니다. 세상의 관점으로 보면 억울함을 느낄 수 있습니다. 우리 믿음의 선진들의 삶을 보면 그들 또한 육적인 관점에서는 억울한 면이 많았습니다. 바울, 베드로, 요한, 세례 요한의 삶을 살펴보십시오. 바울은 아내도 자녀도 없이 순교했으며, 베드로 역시 재산 없는 삶을 살다가 순교했습니다. 사도 요한은 밧모섬에 유배되었고, 세례 요한은 참수형을 당해 생을 마쳤습니다. 이처럼 육적인 관점에서 억울하지 않은 삶을 산 자들을 찾아보기 어려울 정도입니다. 그러나 그들은 모두 영적 삶을 선택했고, 그들의 소망은 하늘나라에 있었습니다. 세상의 소망을 따르지 않았기 때문에 세상에서는 억울했을지라도 스스로 억울하게 여기지 않았습니다.

하나님은 오늘날 전도자들이 삶의 관점을 철저히 영적으로 바꾸기를 원하십니다. 세상에서 존재하는 이유가 영적 출산에 있음을 깨닫기를 바라십니다. 우리는 잘 먹고 잘 살기 위해 존재하는 자들이 아닙니다. 하나님의 자녀들은 어디에서든 영적 출산의 사명을 감당하도록 부름받았습니다. 이를 위해 필요한 것이 있다면 하나님은 언제나 공급해 주십니다. 영적 출산에 돈이 필요하면 채워 주시고, 건물이 필요하면 주시며, 건강이 필요하면 회복시켜 주십니다.

성령의 시대에 하나님의 자녀들은 그 뿌리가 하늘에 있습니다. 그들은 세상에서 나온 자들이 아니라 하늘로부터 온 자들입니다. 단지 세상에 머무는 동안 사람의 육체를 입고 있을 뿐입니다. 그러나 그들의 본질은 영이며, 육체와 혼은 영의 거처에 불과합니다. 그리스도인은 자신 안에 계신 예수 그리스도를 믿는 믿음을 따라 사는 사람입니다. 이제 믿음 없이 행하거나 자기 뜻대로 사는 것은 죄로 간주됩니다. 그러나 이는 죄를 범할 수 있다는 의미이지, 그가 죄인으로 정죄된다는 뜻은 아닙니다. 그는 하늘로부터 탄생한 영적 존재이기 때문입니다.

돕는 배필의 삶은 각자의 독특함을 반영합니다. 레아는 레아대로, 라헬은 라헬대로, 빌하와 실바는 각자 고유한 방식으로 자신의 역할을 감당하며 영적 출산을 이루었습니다. 그들은 자신에게 주어진 독특한 환경 속에서 주어진 달란트를 사용하여 의미 있는 삶을 살았습니다. 세상에서 허무한 삶이 아니라 하나님 앞에서 값진 삶을 완성한 이들입니다.

하나님은 때로는 인간의 육적인 기질마저도 출산의 환경을 조성하는 데 사용하십니다. 라헬의 경우, 그녀의 시기심을 통해 시녀를 통해 자녀를 낳게 하셨습니다. 이는 야곱의 나라에서는 출산이 최고의 선으로 여겨졌기 때문입니다.

# 7. 가정의 갈등도 하나님의 계획 안에 있다
 - 열두 아들의 비밀(창30:14-24)

레아의 첫째 아들 르우벤이 합환채를 얻어 어머니께 드리자, 라헬은 레아에게 그 합환채를 달라고 합니다. 합환채는 임신을 촉진하는 묘약과 같은 것으로, 라헬은 간절히 그것을 원했습니다. 라헬은 빌하를 통해 단과 납달리를 얻었지만 여전히 아이를 낳고자 하는 고통스러운 삶을 이어 갔습니다. 반면, 레아도 자신의 시녀 실바를 통해 두 아들을 얻으며 경쟁하듯 야곱의 자녀를 늘려 갔습니다. 이로써 야곱에게는 여덟 명의 아들이 생겼습니다. 레아는 라헬이 야곱을 독차지한다고 생각했습니다. 이에 레아는 라헬이 합환채를 달라고 하자 "내 남편을 빼앗았다"고 항의했습니다.

라헬은 아이를 갖고 싶은 갈망에, 레아는 남편을 자유롭게 대하지 못하게 하는 라헬에 대한 불만에 사로잡혀 있었습니다. 이는 인간의 본능과 욕망이 얽힌 일상적인 삶을 보여 줍니다. 더 나아가, 야곱조차 라헬의 권세에 눌려 있었던 것으로 보입니다. 이러한 삶은 돕는 배필들 간의 화합과 평화로운 관계에서 벗어난 현실을 드러냅니다. 이런 가운데 발생한 사건이 바로 합환채 사건입니다. 이 사건으로 라헬은 자신이 독점하던 남편을 레아에게 양보했고, 레아는 이를 통해 다시 임신의 기쁨을 누리게 됩니다. 레아는 이미 네 아들을 낳고도 여전히 더 많은 아이를 바랐으므로 하나님은 그녀의 소원을 들어주셨습니다.

레아는 합환채를 라헬에게 준 뒤 아들을 낳고 그 이름을 잇사갈이라 지었습니다. 이는 그녀가 시녀에게 남편을 준 대가로 얻은 아들이라는 의미를 담고 있습니다. 시녀에게 남편을 내어 주는 일은 쉬운 결단이 아니었지만, 레아는 야곱의 자녀를 더 낳기 위해 그렇게 했습니다. 라헬이 아들이 없어서 시녀를 통해 아이를 얻으려 했던 것과는 다른 맥락이었습니다. 하나님은 이러한 레아의 헌신에 응답하셔서 그녀에게 또 다른 아들, 스불론을 허락하셨습니다. 이로써 레아는 여섯 명의 아들을 낳아 야곱의 네 아내 중 가장 큰 역할을 한 여인으로 기억됩니다.

실바가 아셀을 낳은 후, 라헬은 레아와 시녀들이 더는 아이를 낳지 못하도록 막고 있었던 것으로 보입니다. 그러나 합환채 사건으로 인해 이 상황이 풀렸고, 야곱은 다시 레아와의 사이에서 두 아들을 더 얻었습니다. 이후 레아가 디나라는 딸을 낳은 것을 보면, 라헬은 더 이상 남편을 독차지하지 않았던 것으로 보입니다. 하나님은 레아에게 또 다른 아들을 주지는 않으시고 딸을 낳게 하셨습니다. 이는 레아가 여섯 아들을 출산한 것으로 자기 몫을 다 했다는 하나님의 뜻이 그 가운데 있었습니다.

레아가 디나를 낳은 후, 하나님은 라헬을 기억하시고 마침내 그녀의 닫힌 태를 여셨습니다. 라헬은 남편을 독점하는 태도를 버리고 야곱의 자녀들이 더 태어날 수 있도록 길을 열었고, 그 결과 그녀도 아들을 낳는 기쁨을 누렸습니다. 이 시대에도 천국은 혼자 소유하는 것이 아니라 이웃과 나누며 함께 누리는 것입니다. 그렇게 할 때 우리는 더 크고 풍성한 천국을 경험할 수 있습니다. 라헬의 삶은 이를 가르쳐 줍니다. 그녀는 요셉을 낳았고, 요셉은 야곱의 가족을 애굽으로 이끌어 거대한 민족으로 성장하는 기틀을 마련했습니다. 이렇게 어렵게 태어난 자들을 통해 하나님은 구속의 역사를 이어 가셨습니다. 라헬은 요셉을 낳고 하나님께서 자신의 부끄러움을 씻어 주셨다고 고백하며 그 은혜를 깊이 느꼈습니다.

사람의 관점에서 라헬이 요셉을 낳은 것은 합환채 때문이라고 생각할 수 있습니다. 그러나 라헬이 아이를 낳을 수 있었던 것은 하나님께서 태를 열어 주셨기 때문입니다. 세상 사람들은 임신을 위해 여러 방법을 시도하지만, 하나님께서 허락하지 않으시면 그 모든 노력은 헛된 것입니다. 이는 영적 출산의 과정에서도 마찬가지입니다. 어떤 이들이 임신을 위해 다양한 방식을 동원한 결과로 임신이 이루어졌다고 믿는 것처럼 그리스도인들도 자신의 방법대로 복음을 전한 후 결과가 나타났다고 생각할 수 있습니다. 그러나 만약 하나님께서 함께하시지 않으면 영적 출산은 이루어지지 않습니다. 돕는 배필들끼리 시기하고 질투하기도 했지만, 야곱의 아들들을 낳기 위해 서로 협력했던 것처럼 그리스도인들도 영적 출산을 위해서도 서로 도와야 합니다.

야곱의 돕는 배필들의 삶을 통해 우리는 오늘날 교회의 성도들의 모습을 엿볼 수 있습니다. 교회의 성도들은 예수 그리스도의 돕는 배필이며, 영적 출산을 소망하는 자들입니다. 이로 인해 성도들 사이에 영적 출산을 위한 경쟁이 일어날 수도 있습니다. 바울이 투옥되었을 때도, 그의 고난을 더욱 심화시키려는 마음으로 순수하지 못하게 다툼으로 복음을 전파한 자들이 있었다고 기록되어 있습니다. 이에 대해 바울은, 겉치레로 하든 진심으로 하든 어떤 방식을 통해서든 전파되는 것은 그리스도이기에 기뻐한다고 말했습니다(빌 1:18). 사람은 육체를 가진 존재이기에 때로는 순수하지 않은 동기로 복음을 전할 수 있습니다. 그러나 이는 어떠한 방식으로든 그리스도의 복음이 전파되는 일 자체는 중요한 일임을 강조한 것입니다. 이 시대에도 야곱의 돕는 배필들처럼 서로 시기와 갈등 속에서도 영적 출산이 이루어지고, 하나님께서는 이 모든 것을 합력하여 선을 이루게 하십니다.

라헬이 야곱의 아들을 낳은 일은 영적으로 큰 의미를 지닙니다. 이는 야곱의 돕는 배필로서 그녀가 자신의 역할을 다했기 때문입니다. 라헬은 야곱과 결혼해 하나가 되었지만, 돕는 배필로서의 삶을 실제로 체험하지 못했습니다. 그러나 요셉을 낳으면서 그녀는 그 역할을 비로소 경험하게 되었습니다. 그녀의 육체를 통해 신령한 자를 출산한 것은 그녀 자신도 신령한 경험을 하게 되었음을 의미합니다. 돕는 배필로서의 육체는 참 역할을 감당할 때 비로소 의미를 가지며, 그 육체가 신령해질 때 또 다른 신령한 자를 탄생시킬 수 있습니다.

세례 요한은 바리새인들이 자신에게 오는 것을 보고 "이 독사의 자식들아, 너희가 속으로 아브라함이 너희 조상이라고 생각하지 말라"고 하며 하나님께서는 돌들로도 아브라함의 자손이 되게 하실 수 있다고 말했습니다. 이는 그들이 돌보다 더 아브라함의 자손이 되기 어려운 존재임을 지적한 것입니다. 하나님께서 떡을 축사하시어 5,000명을 먹이고 열두 바구니를 남긴 사건처럼, 하나님은 이 시대에도 사람이 신령하게 되기를 간절히 원하십니다. 사람이 신령하게 되는 길은 예수 그리스도의 살과 피를 먹는 것이며, 이는 곧 예수 그리스도와 한 몸이 되는 것을 의미합니다. 여기서 한 몸이 된다는 것은 생각과 마음이 하나가 되었음을 뜻합니다. 생각이 하나가 될 때 영적 출산이 이루어집니다. 그리스도인이 영적 출산을 경험하면 신랑 되신 예수 그리스도의 돕는 배필로서의 역할을 온전히 감당할 수 있습니다. 이러한 영적 출산을 통해 그의 육체도 신령하게 되어, 그 안에서 신령함이 계속 솟아나 천국을 창조하는 데 기여하게 됩니다. 이것이 바로 참된 그리스도인의 삶이라 할 수 있습니다.

하나님께서 돕는 배필에게 가장 원하시는 것은 육체가 신령하게 변화하는 일입니다. 떡이 신령해지면 5,000명이 먹고 배부를 수 있지만, 사람이 신령해지면 5,000명이 생명을 얻을 수 있습니다. 사람이 신령해지면 삶의 목표가 분명해지고, 그때부터 성경 말씀이 깨달아지며, 병이 치유되고 능력이 나타나며 기도가 응답되는 역사가 일어납니다. 삶의 목표가 분명해지면 그 사람이 가진 모든 문제가 해결되기 시작합니다. 또한 그의 말에 권세가 생기는데, 이는 그의 말이 영적인 말이 되기 때문입니다. 영적인 말에는 세상에서 이루어지는 로고스 말씀의 능력이 담겨 있습니다.

사람이 신령한 육체를 지니고 삶의 목표가 정해지면, 하나님의 말씀이 세상에서 이루어지기를 기다릴 수 있는 인내가 생깁니다. 하나님의 말씀이 우리에게 임하면, 그 말씀이 먼저 앞서가 일을 이루는데, 그것은 마치 900미터 정도 떨어진 곳에서 인도하는 것과 같습니다. 그렇게 되면 그 사람은 자신이 서 있는 자리에서 무엇을 해야 할지 알게 됩니다. 다시 말해, 그는 장성한 자가 되어 지각을 활용할 줄 아는 사람이 됩니다. 이러한 지각을 활용하는 자들은 세상을 정복하는 이들이 됩니다.

신령한 자들은 무에서 유가 창조되는 과정을 지각으로 깨닫게 되며, 에덴동산에서 아담이 땅을 다스렸던 것처럼 세상을 다스릴 수 있게 됩니다. 아담이 에덴동산에서 땅을 다스릴 수 있었던 이유는 동산 가운데 생명나무가 있었기 때문입니다. 그는 생명나무의 열매를 매일 먹으며 땅을 다스릴 힘을 얻었습니다. 생명나무의 열매는 영의 열매, 즉 말씀을 의미하며, 이를 통해 그는 영적인 말을 할 수 있었습니다. 아담이 영적인 말을 할 수 있었으므로 땅을 다스릴 수 있었습니다. 이는 땅이 영적인 말로 다스려지도록 창조되었기 때문입니다. 이처럼 땅과 영적인 세계는 영적인 말을 통해 다스려지도록 설계되었습니다. 따라서 하나님의 아들들이 영의 말하면, 영적 세계와 땅은 반드시 그 말을 따릅니다.

　오늘날 하나님의 아들들은 영의 말을 하는 존재들입니다. 이들이 영의 말을 하면 땅이 듣고, 심지어 무생물도 영의 말에 복종합니다. 그러나 영의 말을 듣지 않는 존재들이 있으니, 바로 사람들입니다. 그들에게는 자유의지가 있기 때문입니다. 이 시대에 하나님의 아들들이 전하는 영의 말을 듣는 사람들은 그 말씀이 이루어지는 경험을 하게 됩니다. 예수 그리스도께서는 그분을 따르는 자들이 바라는 것을 이루어 주십니다. 아람의 장군 나아만이 먼 길을 마다하지 않고 하늘의 사람 엘리사를 찾아가 문둥병에서 치유받은 것도 이와 같은 이유 때문입니다. 그는 비록 이방인이었지만 하늘의 사람을 인정하고 믿음으로 나아갔습니다. 하나님께서는 이를 보시고 병이 낫는 방법을 알려 주셨습니다.

## 8. 가난한 목동에게 시작된 하나님의 역전 드라마
 - 첫 장면(창30:25-36)

라헬이 요셉을 낳았을 때, 야곱은 가나안 땅으로 돌아가겠다는 결심을 하였습니다. 당시 야곱은 이미 외삼촌 라반에게 레아와 라헬에 대한 품삯을 모두 지불했을 것으로 보입니다. 이 시점은 야곱이 하란, 즉 밧단아람에 머문 지 14년이 된 때로, 그동안 라반은 크게 번성하였습니다. 라반은 이러한 번영이 야곱 덕분이라는 사실을 잘 알고 있었습니다. 이에 그는 "여호와께서 너로 인해 나에게 복을 주셨음을 깨달았다"고 고백했습니다. 여기서 '깨달았다'는 표현은 야곱과 함께하시는 여호와로 인해 라반이 큰 복을 받았음을 의미합니다. 이러한 이유로 라반은 야곱을 쉽게 떠나보낼 수 없었습니다. 그는 야곱이 복을 품고 다니는 사람임을 알았으므로 그를 떠나보내는 것이 어렵다고 판단했습니다.

야곱은 자신이 발길을 옮기는 곳마다 여호와께서 복을 내리신다는 사실을 분명히 알고 있었습니다. 그는 라반의 집에서 양을 치는 일을 맡았는데, 그 과정에서 최고의 양치기 지식을 가진 양치기가 되었습니다. 야곱은 여호와께서 주시는 지혜로 양의 번식 방법과 아롱지거나 점이 있는 양들이 태어나는 비결을 알았습니다. 그가 양을 치는 방식은 세상의 일반적인 방법과는 완전히 달랐습니다. 이는 그가 여호와와 함께 양을 돌보았기 때문입니다.

야곱은 자신의 품삯을 정하며, 라반에게 자신이 돌보는 양 중 새로 태어난 아롱진 것, 점 있는 것, 검은 것, 그리고 염소 중 점이 있거나 아롱진 것을 품삯으로 달라고 요청했습니다. 라반은 이를 받아들이며 숫염소 중 얼룩무늬와 점 있는 것, 암염소 중 흰 바탕에 아롱진 것과 점 있는 것, 그리고 양 중 검은 것을 골라내어 아들들에게 맡겼습니다. 또한, 양과 염소가 섞이지 않도록 야곱과의 거리를 사흘 길로 두고 야곱에게 남은 양 떼를 돌보게 했습니다. 이는 염소 중 점 있는 것과 아롱진 것, 그리고 양 중 검은 것이 태어나지 않도록 하기 위한 조치였습니다. 세상의 계산법으로 보면, 이 상황은 결국 야곱의 몫은 양 떼 중 극히 일부에 불과할 것임을 예측할 수 있습니다. 그러나 야곱은 이에 대해 이의를 제기하지 않고 라반의 양과 염소를 성실히 돌보았습니다.

야곱은 독특한 방법으로 양과 염소를 돌보았으며, 하나님이 그와 함께하셨습니다. 그가 돌보는 양과 염소는 낙태되지 않고 크게 번성했습니다. 라반이 자기에게 유리하도록 양과 염소들을 분리시켰지만, 야곱에게는 자신의 몫의 양과 염소가 무수히 많이 태어났습니다. 이는 여호와 하나님이 야곱과 함께하셨기 때문이며, 야곱이 하나님의 약속을 받은 자녀였기 때문입니다. 하나님은 야곱을 통해 세상에서 하나님의 약속을 이루어 가셨습니다. 즉, 아브라함에게 하신 약속을 야곱을 통해 성취하신 것입니다. 이러한 약속의 성취는 단순한 사건이 아니라 깊은 영적 의미를 담고 있습니다.

홍수 심판 이후, 하나님은 다시는 물로 세상을 심판하지 않으시겠다는 무지개 언약을 노아와 맺으셨습니다. 이 언약은 인간의 근본을 바꾸시겠다는 약속입니다. 이를 이루기 위해 하나님은 아브람을 선택하여 그의 이름을 아브라함으로 바꾸시고, 맹세로 약속하심으로써 이 땅에 하나님 나라 건설을 시작하셨습니다. 마귀의 속성을 가진 인간, 즉 육신에 속한 사람들 사이에서 하나님 나라는 출발했습니다. 그러나 이 건설에는 아무나 참여할 수 없었으며, 오직 약속의 사람들만 참여할 수 있었습니다. 왜냐하면 육신에 속한 사람들은 하나님의 영이 함께하지 않기 때문에 본질적으로 하나님의 뜻을 따를 수 없기 때문입니다. 이에 하나님은 육신에 속한 사람들 중 아브라함을 선택하셨고, 그가 99세가 되던 해 나타나 그의 이름을 아브라함으로 바꾸시며 언약을 세우셨습니다. 하나님은 아브라함과 그의 후손의 하나님이 되겠다고 약속하셨고, 이를 통해 하나님의 뜻을 이루어 가셨습니다.

따라서 아브라함의 자손은 이때부터 육신을 가졌으나 하나님의 영이 역사하는 사람들이 되어, 세상에서 천국을 건설하는 존재가 되었습니다. 아브라함 이후 그 약속은 이삭에게 이어졌고, 다시 이삭에서 야곱에게 전해졌습니다. 이렇게 야곱은 육신을 가진 존재이면서도 약속의 자녀로서 하나님 나라 건설에 참여할 자격을 부여받았습니다. 하나님 나라 건설에 참여한다는 것은 곧 영적인 일을 행한다는 뜻이므로, 사실상 그 자신이 하늘과 같은 존재인 셈입니다. 야곱은 육신을 가진 동시에 약속의 자녀로서 하늘에 속한 존재였습니다. 이는 곧 그가 세상에 속하지 않고 하나님께 속해 있다는 것을 의미합니다. 야곱과 같은 이가 결혼하여 아내를 얻으면 그 아내 역시 하늘에 속한 자가 되고, 자녀를 낳으면 그 자녀들 또한 하늘에 속하게 됩니다. 약속의 자녀로서 야곱은 육체를 입고 세상에서 천국을 건설하는 사명을 감당했습니다. 그래서 약속의 사람이 양과 염소를 치게 되면 하나님께서 그 일에 함께하셨습니다. 이는 일반적인 사람들이 양과 염소를 치는 것과는 본질적으로 다릅니다. 왜냐하면 약속의 자녀가 기르는 양과 염소는 하나님 나라를 건설하는 데 필요한 재료가 되었기 때문입니다.

아브라함 이후 천국은 아브라함과 이삭, 그리고 야곱과 같은 약속의 자녀들을 통해 이 세상에 세워졌습니다. 천국은 저 하늘 어딘가에 있는 것이 아니라, 약속의 자녀들을 통해 이 세상에서 이루어지는 것입니다. 천국이 세상에 건설되는 과정을 살펴보면, 그 방식과 원리를 이해할 수 있습니다. 천국이 세워지려면 먼저 하나님께서 야곱과 같은 약속의 사람에게 생각을 주셔야 합니다. 육체를 가진 인간은 생각을 통해 활동하는 존재이기 때문에, 하나님께서는 천국 건설을 위해 먼저 그들의 생각에 자신의 뜻을 불어넣으셨습니다. 사람이 그 생각을 따를 때, 비로소 그에 따른 천국이 세상에 나타납니다. 결국 천국은 하늘 보좌에서 나온 하나님의 생각이 약속의 사람에게 전달되고, 그 사람이 그 생각을 실행에 옮길 때 비로소 이 세상에 이루어집니다. 주기도문에서 말하는 "나라이 임하옵시며"라는 구절이 바로 이러한 과정을 의미합니다. 야곱이 양과 염소를 돌보던 때에도 하늘 보좌에서 나온 하나님의 생각이 그의 마음에 전해졌고, 야곱이 그 뜻을 따라 행동했을 때 그 생각이 천국을 이루는 결과를 낳았습니다. 야곱이 밧단아람에서 이루었던 하나님의 나라는 이렇게 창조되었습니다. 즉, 하나님께서는 야곱과 같은 약속의 사람을 통해 천국을 창조하신 것입니다.

야곱의 시대에 하늘 보좌는 물리적 세상이 아닌 하늘에 있었습니다. 이후 이 보좌는 야곱의 12지파가 대규모 인구로 성장하고, 출애굽을 거쳐 광야에서 율법을 받은 후 성막을 만들라는 명령을 통해 물리적 세상에 나타나게 됩니다. 이를 통해 육체를 가진 약속의 자녀들은 멀리서나마 그 보좌를 볼 수 있었습니다. 이스라엘 백성들 중에서도 모세는 보좌를 대면한 유일한 사람이 되었고, 대제사장은 1년에 한 번 그 보좌에 가까이 나아갈 수 있었습니다. 이렇게 성막의 보좌로부터 흘러나온 하나님의 뜻에 따라 이스라엘 백성들이 살게 되면 그들은 세상에서 복된 삶을 누릴 수 있었습니다. 하나님께서는 성막을 통해 하늘 보좌를 펼치시고, 율법으로 기록된 말씀을 통해 자신의 뜻을 사람들에게 전하셨습니다. 이때부터 하늘 보좌에서 나온 하나님의 생각은 기록된 말씀을 통해 사람들의 생각 속으로 들어가게 되었고, 그 생각을 통해 이 세상에서 하나님의 나라가 세워졌습니다.

그러나 야곱을 통해 건설된 이스라엘 나라는 천국의 모형에 불과했습니다. 야곱과 그의 혈통적 후손들은 실질적인 천국을 건설하기 위한 모형이었습니다. 이렇게 세워진 이스라엘 나라를 통해 예수 그리스도께서 오셨고, 3년간의 공생애를 사시며 십자가에서 세상의 죄를 대신 지셨습니다. 그분의 십자가 죽음은 성령께서 사람들 속에 거하실 수 있는 길을 열어 주었습니다. 이후 오순절 마가의 다락방에서 성령이 육신을 가진 자들에게 임하면서, 그들 안에서 영이 탄생하는 위대한 시대가 열립니다. 이는 무지개 언약에서 약속된 인간의 근본적 변화를 이루는 순간이며, 무지개 언약의 완성을 뜻합니다. 따라서 오순절 성령 강림 사건은 구약 이스라엘의 역사가 지향하던 궁극적인 목표였습니다. 구약의 모든 이야기는 이 순간을 향해 달려온 것이며, 하나님께서는 약속의 자녀들을 통해 이 역사를 이루어 오셨습니다. 여러 선지자들은 이를 예언하며 성령 시대를 준비했습니다. 요엘은 그 배에서 생수의 강이 흘러나올 것이라 예언했고, 에스겔은 성전 문지방에서 흘러나온 물이 아라바해를 소생시킬 것이라고 말했습니다.

오순절 다락방에서 성령이 강림한 이후의 시대는 육의 시대가 아니라 영의 시대입니다. 영의 시대는 영의 말을 하는 시대이며, 이 영의 말은 땅을 다스리는 힘을 지닙니다. 사람이 영의 말을 하면 육체를 가진 죽은 자가 살아나는 일이 일어납니다. 사람의 육체는 영의 씨를 받을 수 있는 터전과 같아, 영의 사람들이 영의 말을 하면 그것이 육체의 혼에 뿌려져 영이 탄생하는 영적 출산이 이루어집니다. 이는 곧 성령의 시대에 천국을 세우는 일이라 할 수 있습니다. 성령은 영의 사람들에게 생각을 주시며, 그들이 그 생각에 따라 행동할 때 세상에서 천국이 창조됩니다. 성령의 시대를 사는 사람들은 죽은 자들을 살릴 수 있는 생각을 나누며, 그들 안에 천국이 임하도록 돕습니다. 구약 시대의 모든 역사, 야곱이 양치기하며 창조했던 천국, 그리고 수많은 선지자가 이루었던 천국은 모두 성령의 시대를 살아가는 사람들의 생각 속에 천국을 심기 위한 과정이었습니다.

이 성령의 시대에 하늘 보좌는 성령의 사람들 안으로 옮겨졌습니다. 그 보좌에서 나오는 하나님의 생각은 성령의 사람들 속에서 흘러나오며, 천국은 그 생각으로 시작됩니다. 사람이 이를 행동으로 옮길 때 물리적인 세상에 천국이 세워집니다. 그렇게 건설된 천국은 또 다른 천국을 건설하는 기반이 됩니다. 예를 들어, 어떤 사람이 한 천국을 이루면 그다음 천국은 배가되어 확장됩니다. 성령의 사람들이 세운 천국은 영원히 사라지지 않으며, 결국 거룩한 성 예루살렘으로 나타납니다.

이 시대 그리스도인들이 삶 속에서 창조하는 천국들은 모두 죽은 자들의 생각 속에 천국을 심기 위한 밑거름입니다. 하나님은 이를 위해 세상을 살아가는 그리스도인들에게 다니엘처럼 학문에 능한 지혜를 주시고, 부유하게 하시며, 병을 치료하시고, 건강을 허락하십니다. 그러므로 그리스도의 제자들은 죽어도 주를 위해 죽고, 살아도 주를 위해 삽니다. 그리스도인들은 사나 죽으나 하나님의 것이며, 하나님의 소유로서 산 제물로 드려진 자들입니다.

## 9. 하나님의 방식은 다르다
### - 정직함 위에 부어주신 은혜(창30:37-43)

　야곱은 14년 동안 라반의 집에서 양을 치며 훈련을 받았습니다. 그는 양을 돌보는 과정에서 하나님이 주시는 영적 지식을 얻었고, 이를 바탕으로 양 떼를 돌본 덕분에 라반의 양 떼는 크게 번성할 수 있었습니다. 이러한 영적 지식은 약속의 자녀들만이 소유할 수 있는 특별한 것입니다. 야곱은 하나님과 함께하는 사람이었으며, 하나님은 언제나 지식을 통해 약속의 자녀들과 동행하십니다. 약속의 자녀들에게 이러한 지식을 주시는 이유는 그들이 하나님의 뜻을 따르며 삶 속에서 하나님의 나라를 드러내게 하기 위함입니다. 이처럼 영적 지식을 따르는 삶은 그 자체로 하나님의 나라를 나타내는 통로가 됩니다. 하늘로부터 오는 이 지식은 육적인 세상을 복종시키며 천국을 이 땅에 드러내는 힘이 있습니다.

　야곱은 버드나무, 살구나무, 신풍나무의 가지를 꺾어 껍질을 벗기고 흰 무늬를 드러낸 후 개천의 물구유에 세워 두었습니다. 그러자 그에게 속한 양들 중 아롱지고 점 있는 양들이 태어났습니다. 이는 육적 세계에서 천국이 표출된 사례로 볼 수 있습니다. 약속의 자녀들은 반드시 이러한 영적 지식을 소유해야 합니다. 그래야만 그들의 삶을 통해 하나님의 나라를 드러낼 수 있기 때문입니다. 이 지식을 가진 자들에게는 하나님의 영이 항상 함께하며, 그들의 삶을 통해 천국을 드러내십니다.

　야곱은 영적 지식을 소유한 사람으로서 하나님과 동행하는 자였습니다. 약속의 자녀는 하나님의 기업을 상속받은 자들로, 세상에서 하나님의 지혜와 지식을 가지고 하나님의 나라를 세워 나가는 이들입니다. 야곱은 하나님의 나라를 드러내는 방법을 알고 있었고, 이를 통해 그의 품삯으로 받을 양과 염소를 결정했습니다. 라반이 열 번이나 품삯을 변경했음에도 불구하고, 야곱 소유의 양과 염소는 계속 늘어났습니다. 이는 하늘의 지식을 가진 자와 그렇지 못한 자의 차이를 보여 줍니다.

야곱은 버드나무, 살구나무, 신풍나무 가지를 활용해 특정한 양들이 태어나도록 하는 방법을 정확히 알았습니다. 이러한 영적 지식은 구체적이고 실질적이었으며, 라반이 아무리 계약을 변경해도 야곱 소유의 양과 염소는 끊임없이 증가했습니다. 라반은 평생 양을 쳤지만, 영적 지식을 가진 야곱과는 비교할 수 없었습니다. 이것이 약속의 자녀와 일반인의 차이입니다. 야곱은 그의 영적 지식을 통해 라반의 나라에서 자신의 나라를 창조했습니다. 그의 지식은 양 떼를 통해 그의 소유를 늘리고, 열두 아들들의 삶의 터전을 마련하는 데 기여했습니다. 약속의 자녀인 야곱은 라반의 나라에서 네 명의 아내와 열두 명의 아들, 그리고 많은 양을 얻어 그의 나라를 세웠습니다. 그는 하나님의 지식을 통해 라반의 나라에서 자신의 나라를 건설한 것입니다.

야곱은 양 떼를 자신의 소유로 삼거나 라반의 소유로 남길 수도 있는 사람이었습니다. 그의 생각에 따라 양들의 소속이 달라졌고, 야곱의 소유가 된 양들은 하나님의 나라에 속한 복된 존재가 됩니다. 이로써 그들은 신령한 소유로 변화되어 하나님의 나라를 위해 쓰임받습니다. 그들이 하나님의 뜻에 따라 사용될 때, 이는 최고의 가치를 발하게 됩니다.

오늘날 그리스도인들도 야곱처럼 하나님의 기업을 상속받은 약속의 자녀입니다. 따라서 야곱이 자신의 나라에 속한 양들을 탄생시킨 것처럼 우리도 하나님 나라에 속한 영적 존재를 탄생시키는 하늘의 지식을 소유할 자격이 있습니다. 이러한 지식을 가진 사람은 야곱이 라반의 양을 자신의 것으로 바꾸었듯, 세상에서 하나님의 뜻에 따라 소유를 변화시킬 수 있습니다. 하나님 나라에 속한 자들은 그 자체로 축복받은 존재이며, 이들은 하나님 나라를 건설하는 데 쓰입니다.

이 시대의 그리스도인들은 야곱의 양처럼 하나님의 지식을 통해 소속이 변화된 사람들입니다. 그들은 야곱의 나라, 즉 이스라엘의 일원이 된 자들입니다. 어미 양이 벗겨진 나뭇가지 앞을 지나며 야곱에게 속한 양을 낳았듯이, 하나님의 나라에 속하려면 야곱의 벗겨진 나뭇가지 앞으로 나아가야 한다는 의미입니다. 이 벗겨진 나뭇가지는 하나님께서 야곱에게 주신 지식, 곧 말씀을 상징합니다. 그리스도인들은 이 나뭇가지를 바라보고 물을 마실 때 비로소 하나님의 양을 탄생시키는 역할을 담당하게 될 것입니다. 영적으로 해석하면, 세상이 이해하지 못하는 신비로운 일이 하나님의 계획 속에서 이루어지고 있음을 보여 줍니다.

야곱이 껍질을 벗긴 나뭇가지 앞에서 물을 마신 양이 야곱의 나라에 속한 양을 낳은 것처럼, 사람들이 하나님의 지식 앞으로 나아가면 그 지식이 영적 탄생을 이룹니다. 이는 단순히 나뭇가지를 보고 물을 마신 것 같지만, 하나님의 지식이 살아 역사하여 사람들을 통해 영적 출산이 일어난다는 것을 뜻합니다.

이스라엘 백성이 여호수아와 함께 가나안 땅으로 행진할 때, 여호수아서 3장 4절에 따르면 하나님은 그들에게 언약궤와 약 2천 규빗의 거리를 두고 따라가라고 명령하셨습니다. 이는 그들이 이전에 가 보지 못한 길을 걷기 때문이라고 말씀하십니다. 다시 말해, 이스라엘 백성이 가보지 않은 길을 갈 때는 반드시 하나님의 말씀, 즉 언약궤가 먼저 앞서야 한다는 뜻입니다. 하나님은 말씀이 앞서가게 하면 그들이 걸어가야 할 길을 자연스레 알게 될 것이라고 약속하셨습니다. 이는 하나님의 말씀이 백성들에게 길을 제시하는 역할을 한다는 의미입니다. 마찬가지로 벗겨진 나뭇가지가 있는 곳에서 양이 물을 마시고 야곱의 양을 출산하는 것도, 하나님의 말씀이 야곱에게 속한 양을 태어나게 한다는 사실을 보여 줍니다. 따라서 양이 야곱의 양이 되기 위해서는 벗겨진 나뭇가지가 놓인 구유에서 물을 마셔야 합니다.

야곱과 같은 하나님의 사람들은 세상을 다스릴 수 있는 능력을 지닙니다. 그들은 하늘이 주신 영적 지식으로 사람들을 하나님의 소유가 되게 하거나 세상의 소유가 되게 할 수 있습니다. 하나님의 사람들은 신령한 존재로서 영의 말을 발할 수 있기 때문입니다. 그가 사람들에게 영의 말을 전하면 그들은 하나님 나라에 속할 수 있지만, 전하지 않으면 여전히 세상에 속하게 됩니다. 하나님께 속하지 않고 세상에 속하는 것은 영적으로는 마귀가 받은 저주와 같은 상태를 의미합니다. 흙만 먹고 배로 기어다니는 존재처럼 되는 셈입니다.

따라서 이 시대에 야곱과 같은 약속의 사람은 세상 사람들을 하늘나라 성전의 제단에 올려놓는 복음의 제사장 역할을 합니다. 그리스도인들은 하늘나라 성전의 번제단에 드려진 산 제물이며, 세상 사람들을 하늘나라 제단에 올리는 직분을 수행하는 자들입니다. 그들은 살아 있는 몸으로 하나님께 드려졌기에 '산 제물'이라 불립니다. 그리스도인들은 하늘나라에 소속된 하나님의 소유로서, 그들의 몸과 혼 또한 전적으로 하나님의 것입니다. 따라서 자신의 뜻대로 사용해서는 안 됩니다.

하늘나라는 온갖 영적 지식과 지혜가 충만한 곳입니다. 이 시대에 성령과 동행하는 사람들은 야곱이 벗겨진 나뭇가지에 담긴 지식을 가졌듯이, 많은 지혜와 지식을 얻을 수 있습니다. 이런 영적 지식 중에서도 이 시대에 가장 필요한 것은 재물에 관한 지혜라고 할 수 있습니다. 현대 사회에서는 재물이 지나치게 강력하게 사람들을 얽매고 있기 때문입니다. 그렇다면 그리스도인들이 재물에 대해 가져야 할 태도는 무엇일까요? 재물이 들어오면 그것이 흘러 나갈 통로를 만들어야 합니다. 통로를 만들어 주면 재물은 끊임없이 들어와 점차 늘어나게 됩니다. 그러나 나가는 통로가 없으면 재물이 쌓이기만 하다가 창고가 터지거나 더 이상 들어오지 못하게 됩니다. 이것이 영적 세계에서 재물의 기본 법칙입니다. 세상 사람들은 이런 지식을 모르지만, 하나님의 말씀에 귀를 기울이는 그리스도인들은 이를 깨달을 수 있습니다.

3부

하나님이 여는 새로운 인생

## 10. 위기가 시작이다
### - 지금 이 순간, 하나님을 만나다(창31:1-13)

 야곱은 자신의 이종사촌 라반의 아들들이 "야곱이 아버지 라반의 소유를 모두 빼앗아 부를 쌓았다"고 말하는 것을 들었습니다. 그의 재산이 많아지면서 사람들의 시선이 달라졌습니다. 외삼촌 라반 역시 이전과는 다른 태도를 보였습니다. 야곱의 재물이 늘어난 것은 그가 하늘의 문을 통해 하나님 안에서 살았으므로 하나님이 그를 축복하신 결과였습니다. 그러나 세상 사람들은 이를 이해하지 못하고, 야곱이 라반의 재산을 빼앗아 부자가 되었다고 여깁니다. 이것이 세상의 일반적인 사고방식입니다. 그들에게는 하늘이 보이지 않기 때문입니다.

 야곱의 상황이 이렇게 변화하자 하나님은 그에게 조상의 땅으로 돌아가라고 말씀하셨습니다. 야곱은 홀몸으로 밧단아람에 도착해 라반의 집에 들어갔으나, 이제는 4명의 아내, 11명의 아들, 1명의 딸과 수많은 양과 염소, 낙타와 종들을 거느린 사람이 되었습니다. 이렇게 야곱의 밧단아람에서의 삶은 로고스의 삶, 즉 무에서 유를 창조하는 삶이었습니다. 이는 야곱이 하나님 안에서 살았기 때문입니다. 그의 삶은 하늘의 세계에 들어간 자들의 모습을 명확히 보여 줍니다.

 야곱은 라반의 양과 염소를 치는 일을 맡았고, 라반의 아들들 역시 같은 일을 하고 있었습니다. 그들도 야곱처럼 성실히 일했다면, 야곱의 재산 증가로 인해 불만을 품을 이유가 없었을 것입니다. 야곱은 라반의 양과 염소 중에서 태어난 새끼를 자신의 몫으로 삼았으며, 그의 노력으로 라반의 양과 염소 또한 함께 늘어났습니다. 그러나 라반은 야곱의 양과 염소가 더 많이 늘어나자 그것을 자신의 것으로 여기며 불만을 품었습니다. 이는 세상 사람들의 전형적인 사고방식입니다. 누군가의 성공이 자기 덕분이라고 생각하며, 충분한 보상을 받았음에도 불구하고 탐욕을 멈추지 않는 모습입니다.

야곱이 밧단아람에서 크게 번성한 이유는 그가 하나님 안에 머물렀기 때문입니다. 그의 삶에서 중요한 순간은 하나님의 임재로 가득 차 있었습니다. 야곱은 밧단아람으로 오기 전 벧엘에서 하나님을 만나고, 하나님께서 그와 함께 계심을 깨달았습니다. 그는 자신이 있던 그곳을 하나님의 집이자 하늘의 문이라 고백했습니다. 그 순간부터 야곱은 사실상 하늘나라에 들어가 그곳에서 살아가게 되었습니다. 따라서 밧단아람에서의 그의 삶은 하늘나라의 삶이었습니다.

벧엘에서 야곱은 베개로 삼았던 돌을 기둥으로 세우고 그 위에 기름을 부어 그곳을 하나님의 집이라는 뜻의 벧엘이라 불렀습니다. 이곳에서 그는 하나님과의 약속을 세웠습니다. 하나님이 그와 함께하시며, 가는 길을 지키고, 먹을 양식과 입을 옷을 주시어 평안히 아버지 이삭의 집으로 돌아가게 하시면, 하나님을 자신의 하나님으로 삼고, 자신이 가진 모든 것의 십분의 일을 반드시 하나님께 드리겠다고 서원했습니다. 이러한 경험 이후, 야곱은 밧단아람에서 20년을 살아가며 하나님의 축복 속에서 번영을 이루었습니다.

야곱은 벧엘에서 이미 하늘의 문이 열리는 경험을 했고, 하늘로 들어간 사람처럼 밧단아람에서도 하늘의 삶을 살았습니다. 그의 소속은 세상이 아닌 하나님 나라였습니다. 벧엘에서 야곱은 자신이 하나님 나라에 속했다는 사실을 확인하며 하나님이 주신 것의 십분의 일을 드리겠다고 서원한 바 있습니다.

야곱이 하나님 나라 안에 있었으므로 그의 양과 염소는 크게 증가했으며, 이를 본 라반은 열 번이나 약속을 번복했습니다. 양과 염소 새끼 중 점 있는 것을 야곱의 몫으로 정하면 점 있는 새끼가 태어났고, 아롱진 것으로 정하면 아롱진 새끼가 태어났으며, 얼룩진 것으로 정하면 얼룩진 새끼가 나왔습니다. 이처럼 세상의 어떤 규칙도 야곱의 삶이 번창하는 것을 막을 수 없었습니다. 라반은 아무리 야곱을 해치려 해도 해칠 수 없었고, 이기려 해도 이길 수 없었습니다. 자신의 의도대로 야곱의 몫을 바꿔도 그의 번영을 멈추게 할 수 없었습니다. 이는 인간의 힘으로 이루어진 일이 아니었습니다. 야곱은 하나님 나라 안에 속한 사람이었기 때문입니다.

야곱은 하늘나라에 있었기 때문에 그의 삶이 어떻게 될지 알고 있었습니다. 이는 하늘로부터 오는 지식을 알고 있었기 때문입니다. 하나님은 꿈을 통해 야곱에게 양 떼를 탄 숫양의 모습을 보여 주셨습니다. 이는 야곱의 양 떼가 모두 하나님께로부터 왔음을 의미합니다. 하늘에서 주어진 영적 지식은 하나님이 약속의 사람들과 함께하신다는 사실을 구체적으로 드러내며, 이것이 영적 지식의 핵심입니다. 하나님이 막연히 함께하신다는 것이 아니라, 야곱과 같은 사람들은 자신의 삶 속에서 하나님이 어디에서 어떻게 함께하시는지를 구체적으로 깨닫습니다.

야곱은 자신의 모든 것이 하나님으로부터 왔음을 확신하게 되었고, 그의 삶은 무에서 유를 창조하시는 하나님의 로고스의 속성을 경험하게 되었습니다. 밧단아람에서의 그의 삶은 하늘나라 시민권을 가진 자로서의 삶이었으며, 그는 서원한 대로 하나님이 주신 것 중 십분의 일을 드렸습니다.

밧단아람에서의 야곱의 삶은 마치 오병이어의 기적과도 같았습니다. 무에서 유가 창조되는 삶이었고, 하늘 시민권을 가진 약속의 자녀들에게 나타나는 이적의 한 예였습니다. 야곱은 처음에는 혈혈단신으로 시작했지만, 아내와 자녀들, 그리고 라반이 탐낼 만큼 많은 재산을 얻었습니다. 이것이 바로 그의 삶에 나타난 오병이어의 기적입니다. 그의 삶 속에는 무에서 유가 계속 창조되는 일이 일어났습니다. 하나님이 야곱과 함께하신다는 사실이 그의 삶의 모든 부분에서 드러났습니다. 야곱은 어떠한 위협에서도 안전하였는데, 이는 그가 하늘 안에 거했기 때문입니다. 오늘날에도 하늘 안에서 사는 사람들은 매일 오병이어의 기적을 경험하며, 그 삶에서 생수의 강이 흘러나오는 것을 느낍니다. 이는 하나님이 그들과 함께하시기 때문입니다.

그렇다면, 성령의 시대에 하늘 안에서 사는 자들의 삶은 어떤 모습일까요? 야곱이 벧엘에서 하늘의 문을 통과해 하늘에 들어가 살았던 삶은 어떻게 펼쳐졌을까요? 야곱은 하늘의 언약을 받고 그 언약을 따르는 삶을 살았기 때문에 하늘 안에서 살 수 있었습니다. 이 시대에도 성령의 사람들에게는 하늘의 언약이 주어집니다. 하나님은 성령의 시대의 언약, 즉 하나님의 법을 성령의 사람들의 생각에 두고 마음에 기록하셨다고 말씀하십니다(히 8:10). 그러므로 이 시대의 성령의 사람들은 그 마음에 기록된 하나님의 법을 세상에 드러냄으로써 하늘 안에서의 삶을 살게 됩니다. 그 삶은 언제 어디서든 오병이어의 기적과 같은 일들로 채워집니다.

다니엘과 사드락, 메삭, 아벳느고는 바벨론에 포로로 끌려갔을 때도 하나님의 법을 마음에 새기고 살았습니다. 그 결과, 그들의 삶은 세상적인 삶이 아니라 하늘의 삶으로 변화되었습니다. 그들에게는 하늘의 영적 지식이 주어졌고, 이는 그들의 삶에서 구체적으로 작동하여 하늘의 역사를 이루었습니다. 이 시대의 성령의 사람들도 하늘의 지식을 알고 그것을 삶으로 드러낼 때, 그 중심에서 하늘의 삶이 펼쳐질 것입니다.

야곱은 자신의 양치기 생활 속에서 영적 지식을 발견했습니다. 양 떼를 탄 숫양들이 아롱지고 점이 있고 얼룩얼룩한 모습을 보며, 하나님이 자신의 삶에 세밀하게 함께하신다는 것을 알게 되었습니다. 그의 삶은 무에서 유를 창조하시는 오병이어의 기적으로 가득했습니다. 이러한 삶이 바로 하늘 안에서의 삶입니다.

야곱에게는 돌아갈 곳이 있었습니다. 비록 밧단아람에서 머무르며 삶을 이어갔지만, 그는 결국 가나안 땅에 있는 아버지 이삭의 집으로 돌아가야 했습니다. 하나님은 야곱의 서원을 상기시키며 돌아갈 것을 명하셨습니다. 야곱이 서원한 대로 하나님은 밧단아람에서 그의 삶에 함께하셨고, 이제 남은 것은 아버지 이삭의 집으로 돌아가는 일이었습니다. 이를 통해 하나님은 자신의 약속을 이루심을 보여 주셨습니다.

야곱의 시민권은 하늘에 있었습니다. 그래서 그는 항상 하늘을 바라보며 그곳으로 가는 것을 소망으로 삼았습니다. 하나님의 집인 벧엘로 돌아가는 것은 그의 삶의 가장 큰 바람이었습니다. 오늘날 성령의 사람들 또한 영적 가나안 땅, 즉 하늘나라를 소망으로 삼습니다. 야곱이 살았던 밧단아람이 그의 소망이 아니었던 것처럼, 우리의 소망 또한 이 세상이 아닌 하나님의 나라에 있습니다.

다니엘서에서 나타나는 다니엘과 그의 세 친구들은 비록 바벨론 제국에서 하늘의 가치를 따라 살았지만, 그들의 소망은 본국인 이스라엘이었습니다. 이와 같이, 우리의 소망도 우리의 참된 고향인 하나님의 나라에 있습니다.

## 11. 용기 있게 떠나는 법
### - 미래를 향한 믿음의 결단(창31:14-29)

야곱은 아내들에게 라반의 태도가 변한 것과 하나님이 그의 삶에 함께 하신 사실을 이야기했습니다. 이에 라헬과 레아는 자신들이 아버지의 집에서 분깃이나 유산을 기대하지 않는다며, 야곱에게 하나님이 말씀하신 대로 모두 행하라고 합니다. 그들은 이미 하나님 나라에 속한 사람들이므로, 아버지 라반에게서 분깃을 받을 필요가 없다고 말합니다. 이는 그 분깃이 세상의 것이기 때문입니다. 하나님 나라에 속한 사람들은 하나님께서 필요한 분깃을 주시므로 세상에서 받을 것을 기대할 필요가 없습니다. 그래서 라헬과 레아는 하나님이 그들과 그 자녀들을 위해 분깃을 주셨다고 고백합니다.

야곱은 아내들과 자녀들, 그리고 많은 가축과 재산을 이끌고 밧단아람을 떠납니다. 그곳에서 보낸 지난 20년은 하나님의 인도하심 속에서의 시간이었습니다. 그는 혈혈단신으로 라반의 집에 들어가 네 명의 아내와 열두 명의 자녀를 얻었으며, 많은 재산을 모아 떠날 수 있었습니다. 밧단아람에서의 삶은 하나님의 인도에 따라 살았던 여정이었습니다. 하나님의 영적 지식이 야곱에게 임했고, 그가 이를 따르자 세상을 다스리는 삶이 펼쳐졌습니다. 이제 하나님은 야곱이 벧엘에서 서원했던 마지막 내용을 이루시고, 그를 가나안 땅으로 돌아가게 하십니다.

그러나 떠날 준비를 하던 중 한 사건이 발생합니다. 라헬이 라반의 드라빔을 훔친 것입니다. 이는 야곱의 가정에 처음으로 우상이 들어온 사건입니다. 라헬은 드라빔이 아버지의 집을 지켜 주었다고 생각하며, 야곱의 집을 위해 이를 가져갑니다. 하지만 이는 라헬의 불신앙입니다. 그녀가 시녀 빌하를 야곱에게 준 것은 지혜로운 선택이었지만, 드라빔을 훔친 일은 큰 실수였습니다. 야곱의 가정은 하나님께서 지키시는 것이지, 드라빔 같은 우상이 지켜주는 것이 아니기 때문입니다. 하늘의 관점에서 드라빔은 필요 없는 물건입니다.

이 드라빔 사건은 야곱의 집안이라는 하늘 안에서 세상의 영향이 나타난 첫 사례를 보여 줍니다. 드라빔이 가족을 지켜 줄 것이라 라헬의 생각, 그것이 하늘 안의 세상입니다. 이러한 생각은 하늘에 속한 사람들의 삶을 해치며, 약속의 자녀들이 참 하늘을 보지 못하도록 하며, 하늘 안에 나타난 세상을 바라보게 만듭니다. 원래 하늘에 속한 자들에게는 하나님께서 모든 것을 공급해 주시는 법인데, 하늘 안에 세상이 나타나면 하나님이 아닌 그 세상, 그 우상들이 공급해 준다고 착각하게 됩니다. 그래서 하나님은 우상숭배를 철저히 경계하셨습니다.

야곱은 벧엘에서 하늘의 문을 열고 하늘에 들어섰으며, 밧단아람에서의 삶은 곧 하늘 안에서의 삶이었습니다. 야곱에게 벧엘은 하늘로 들어가는 문과 같았습니다. 그렇다면 신약 시대에서 벧엘과 같은 하늘의 문은 무엇일까요? 그것은 바로 성령세례입니다. 육체를 가진 자가 하늘로 들어가는 문은 오순절 다락방에서 그리스도의 제자들에게 임한 성령세례입니다. 베드로가 성령세례를 받았을 때 그의 하늘이 열렸고, 요한, 마태, 그리고 사도 바울도 성령세례를 받으면서 각자의 하늘이 열렸습니다.

성령의 시대에는 성령세례를 받은 모든 사람에게 각기 독특한 하늘이 열립니다. 그러나 그 하늘들은 모두 그리스도의 복음을 전파한다는 동일한 목표를 가집니다. 성령세례를 받은 자들은 각자 다양한 방법으로 자신에게 주어진 하늘에서 복음을 전파합니다. 구약 시대에 야곱의 하늘은 이스라엘의 하늘로서 예수 그리스도를 예비하는 것이었습니다. 따라서 구약 시대의 이스라엘 백성들은 이스라엘 하늘 안에서 예수 그리스도를 준비하는 삶을 살았습니다. 성령의 시대에서는 각자의 하늘이 다르지만, 그 목적은 모두 동일합니다. 하늘을 코끼리에 비유한다면, 코, 머리, 몸통, 발 등 각각의 요소가 다른 하늘을 상징하지만, 결국 모두가 코끼리를 이루는 것과 같습니다.

그러나 성령의 시대에도 라헬의 드라빔과 같은 세상의 생각이 나타날 수 있습니다. 이는 하나님이 아닌 다른 것을 의지하려는 마음에서 비롯됩니다. 이러한 생각을 따라가면 하늘 안에 세상이 판을 치게 되고, 하나님의 역사가 더디게 이루어질 것입니다.

라반은 야곱이 가족을 데리고 떠났다는 사실을 알고 그의 형제들과 함께 7일 동안 쫓아가 길르앗 산에 이르렀습니다. 그곳은 야곱이 장막을 친 산이었습니다. 그때 하나님께서 라반의 꿈에 나타나 야곱에게 선악 간에 아무 말도 하지 말라고 경고하셨습니다. 이는 하나님께서 야곱을 보호하고 계심을 보여 주는 사건입니다. 하나님은 야곱이 외부로부터 어떤 위협도 받지 않도록 직접 보호하셨습니다. 이렇게 세상에 임한 하늘은 하나님이 외부의 위협으로부터 철저히 지키시므로, 내부에 문제가 없다면 하늘의 본래 모습을 드러낼 수 있습니다. 다시 말해, 세상의 하늘나라는 라헬의 드라빔과 같은 내부 문제로 인해 손상을 입고, 그 본연의 속성을 잃어버리곤 합니다.

이를 성령의 시대, 즉 각 개인이 하늘이 되는 시대에 적용해 보면 다음과 같습니다. 성령의 시대에도 하늘이 손상을 입는 원인은 언제나 내부 문제에서 비롯됩니다. 이는 사람들 안에 자리 잡은 인간적인 생각, 즉 하나님이 아닌 다른 것을 의지하려는 마음 때문입니다. 성령의 사람은 세상에서 다른 무엇도 의지하지 않고, 오직 성령만을 의지해야 합니다. 따라서 성령의 시대를 사는 사람은 자신의 마음을 다스려야 합니다. 이 마음은 오직 말씀과 성령에 의해 다스려질 수 있습니다. 그러므로 우리는 영의 생각에 귀를 기울여야 합니다.

## 12. 숨겨진 진실을 밝히시는 하나님
### - 드라빔 사건이 말하는 교훈(창31:30-37)

라반은 야곱이 가족을 데리고 아버지 집으로 돌아가는 것을 허락했지만, 야곱의 가족이 그의 신, 드라빔을 훔쳤다고 주장했습니다. 이에 야곱은 자신이 라반의 딸들을 몰래 데리고 나온 이유가 그들을 빼앗길 것이 두려웠기 때문이라고 해명하며, 라반의 신이 우리 가족에게서 발견된다면 그 신을 가져간 사람은 살지 못할 것이라고 했습니다. 야곱은 라헬이 그것을 훔친 사실을 알지 못한 채 그렇게 말했습니다. 이제 라반이 야곱의 가족 중에서 드라빔을 찾아낸다면, 그 신을 훔친 라헬은 목숨을 잃을 위기에 처하게 됩니다. 결국 라헬은 죽음에 이를 운명을 피할 수 없게 되었습니다.

라반은 드라빔을 찾기 위해 야곱의 가족들의 장막을 뒤졌습니다. 그는 레아의 장막과 라헬의 장막을 모두 살펴보았지만 끝내 드라빔을 찾지 못했습니다. 만약 라반이 라헬이 가져간 것을 찾아냈다면 라헬은 죽음을 면치 못했을 것입니다. 라헬은 드라빔을 훔쳤음으로 죽음을 피할 수밖에 없는 상황이었으나 이를 면하게 하셨습니다. 이는 하나님이 라헬을 통해 베냐민을 낳게 하시려는 계획을 가지고 계셨기 때문입니다. 따라서 라헬이 드라빔을 훔쳤다 하더라도 그것이 발견되지 않도록 하셔야 했습니다. 하나님께서는 약속의 사람들을 통해 자신의 계획을 이루시기 위해 그들이 살아남도록 하십니다. 즉, 그 계획이 이루어지기 전에는 죽음을 허락하지 않으십니다. 라헬에게도 하나님의 계획이 남아 있었으므로 그녀는 죽음을 피할 수 있었고, 드라빔은 결국 발견되지 않았습니다.

라헬은 드라빔을 가져가면 가족에게 도움이 될 것이라 생각하며 우상을 가졌지만, 하나님은 그녀를 통해 베냐민이 태어나도록 하셨습니다. 이처럼 하나님의 계획이 남아 있는 사람은 끝까지 세상에서 살아가게 하십니다. 설령 그가 우상숭배에 빠지더라도 하나님은 그의 생명을 보존하십니다. 라헬의 이야기는 세상의 정의와 하나님의 정의가 어떻게 다른지를 보여 줍니다. 세상의 정의로는 라헬이 드라빔을 훔쳤으니 발각되어 처벌받아야 했습니다. 하지만 하나님의 정의는 드라빔이 발견되지 못하도록 하는 것이었습니다. 이는 라헬을 통해 베냐민을 태어나게 하시려는 하나님의 계획 때문입니다. 이 사건은 세상은 진실을 밝히는 것이 정의지만, 하나님의 정의는 그것과 다를 수 있다는 것을 보여 줍니다. 세상에서 진실을 드러내는 것이 반드시 정의는 아니기 때문입니다. 이러한 차이는 아담 이후 인간 세상이 거짓으로 가득 차게 되었기 때문입니다.

아담의 범죄 이후 인간은 거짓 속에서 살게 되었고, 본성 자체가 거짓을 품게 되었습니다. 따라서 거짓된 본성을 가진 인간이 진실을 밝히는 것을 정의라 할 수는 없습니다. 타락한 인간의 세상에서 정의를 논하는 것 자체가 모순입니다. 그러나 하나님은 참되신 분으로, 사람을 참된 세계로 인도하십니다. 야곱이 벧엘에서 하늘의 문을 통해 참된 세계로 들어간 것은 이를 상징합니다. 세상 관점에서는 야곱의 행동이 거짓으로 보일 수 있으나, 그는 참된 세계에서 행동했으므로 그것은 참된 것이었습니다. 예컨대, 야곱이 라반의 가축을 늘리기 위해 나뭇가지를 벗겨 세운 행동은 속임수처럼 보일 수 있지만, 하나님의 관점에서는 참된 행위였습니다. 영적 분별력은 이렇게 참과 거짓을 구별하는 능력입니다.

라반은 끝내 라헬에게서 드라빔을 찾지 못했습니다. 그러나 이는 라헬이 무고해서가 아니었습니다. 그녀는 야곱과 함께 하나님 안에 있었지만 여전히 육신의 본능을 따르며 우상을 숭배하였습니다. 이처럼 우상숭배는 아담 이후 모든 인간이 벗어날 수 없는 본능입니다. 구약 시대 이스라엘 백성이 우상숭배로 인해 멸망한 것도 이를 보여 줍니다. 그러나 하나님은 인간의 본성을 변화시키겠다고 약속하셨고, 이를 위해 예수 그리스도를 이 땅에 보내셨습니다. 그의 십자가 죽음은 인간을 우상숭배로부터 해방하기 위함이었습니다.

구약 시대 사람들은 스스로 우상숭배에서 벗어날 수 없었습니다. 그러나 성령의 시대에 이르러 인간은 우상숭배를 벗어날 수 있는 길이 열렸습니다. 그것은 바로 타락된 옛 사람을 죽이고 속사람인 영이 새롭게 태어나는 것입니다. 예수 그리스도는 옛 사람을 죽이기 위해 오셨고, 성령은 속사람인 영을 탄생시키고, 매일 새롭게 하시기 위해 우리와 함께하십니다. 육신은 여전히 우상숭배의 본능을 따르지만, 새로 태어난 영은 우상숭배를 할 수 없는 존재입니다. 문제는 이 영이 여전히 육체 안에서 살아가야 한다는 것입니다. 사도 바울이 "오호라 나는 곤고한 사람이로다 이 사망의 몸에서 누가 나를 건져내랴 예수 그리스도로 말미암아 감사하리로다"라고 고백한 이유도 여기에 있습니다. 그는 예수 그리스도를 통해 육신의 악이 이미 죽었음을 깨달았으므로 감사했습니다.

이렇게 예수 그리스도로 말미암아 사람은 악으로부터 완전히 자유롭게 되었습니다. 악이 더 이상 우리를 억누를 수 없게 되었기 때문입니다. 그러나 그리스도인의 육체는 여전히 세상의 유혹에 흔들릴 수 있습니다. 라헬이 드라빔을 의지했듯, 현대의 그리스도인도 돈과 같은 세상의 드라빔에 의지하려 할 때가 있습니다. 그러나 예수 그리스도는 이를 벗어나 성령을 따르라고 말씀하십니다. 우리의 참된 정체성은 죽은 육신이 아니라 성령 안에서 새롭게 태어난 영에 있습니다.

영의 생각은 생명과 평안을 주며, 이를 따를 때 세상 속에서 하나님의 나라를 경험합니다. 영을 따르는 그리스도인은 믿음의 확신을 가지고 생명의 성령의 법 안에서 자유를 누립니다. 이러한 자유는 세상도, 육체도 결코 억누를 수 없습니다. 바울이 빌립보 감옥에서 자유를 경험했던 것처럼, 영을 따르는 자는 세상 어디에서든 참된 자유를 누릴 수 있습니다. 이는 우리의 육체와 혼이 영의 인도를 따를 때 나타나는 완전한 자유입니다.

하나님은 야곱으로 하여금 라반을 꾸짖게 하셨습니다. 야곱의 가족이 라반의 드라빔을 훔쳤음에도 불구하고, 야곱이 라반을 꾸짖을 수 있었던 것은 그가 참으로 하나님께 속한 자로서 하나님의 정의를 믿고 의지했기 때문입니다. 하나님은 언제나 야곱의 편에 서 계셨습니다. 이는 하나님께서 진리이시기 때문입니다. 그러므로 세상적 관점에서 야곱이 잘못한 것처럼 보일지라도 하나님은 여전히 그의 편에서 일하셨습니다. 이렇게 하여 라반을 꾸짖도록 하신 것입니다. 이는 하늘에 속한 자들에게 주어진 특권입니다. 그래서 이 특권을 가진 그리스도인들은 거짓된 세상 앞에서 강하고 담대하게, 당당히 나아갈 수 있습니다.

## 13. 인생의 갈림길에서
### - 선택의 순간, 하나님을 따르다(창31:38-44)

야곱은 라반에게 지난 20년 동안 자신이 그의 집에서 어떻게 지내 왔는지 이야기합니다. 그는 양치기하면서 외삼촌의 양과 염소가 낙태하지 않았으며, 숫양을 잡아먹지도 않았고, 물려 찢기거나 도둑맞은 것을 모두 보충했다고 말합니다. 이렇게 야곱은 라반의 집에서 딸들을 위해 14년, 양 떼를 위해 6년을 봉사했지만, 라반은 품삯 약속을 자신의 이익에 맞게 열 번이나 바꿨습니다. 라반은 눈앞의 환경에 따라 자신에게 유리하도록 품삯 계약을 변경했으나, 그 환경은 아홉 번이나 라반에게 불리한 방향으로 바뀌었습니다. 이는 야곱과 라반의 삶의 차이를 보여 줍니다.

참된 세계에 들어간 야곱은 자신의 환경을 스스로 바꿀 수 있는 존재였지만, 거짓된 세계에 속한 라반은 환경을 바꿀 수 없고 적응해야만 했습니다. 그래서 라반은 야곱의 품삯을 자신의 유리한 방향으로 조정하려 할 수밖에 없었습니다.

이 점은 참된 세계와 거짓된 세계의 차이를 분명히 드러냅니다. 아담이 죄를 범한 이후, 인류는 거짓된 세계에 갇히게 되었고, 그 결과 땅이 엉겅퀴를 내며 인간은 그 환경에 적응해야만 했습니다. 그러나 세상 속에서 아브라함으로 시작된 약속의 기업을 받은 자들은 참된 세계로 들어간 이들이 되었습니다. 참된 세계에 속한 사람들은 환경에 적응하는 존재가 아니라 환경을 만들어 가는 자들이 됩니다. 세상의 모든 환경, 즉 빛, 궁창, 식물, 해와 달과 별, 동물 등은 모두 진리를 위해, 진리에 의해 창조된 피조물입니다. 따라서 참된 세계에 속한 이들에게 모든 환경은 순응하여야 합니다. 이것이 질서입니다.

그러므로 참된 세계에 속한 야곱은 세상 한가운데서 자신의 삶의 환경을 만들어갔습니다. 어떤 환경이라도 야곱이 그곳에 있으면, 그 환경은 그를 돕는 방향으로 변했습니다. 이는 본래의 질서에 따라 그렇게 되는 것입니다. 반면, 라반은 거짓된 세계에 속해 있기 때문에 환경에 힘겹게 적응해야만 하는 사람입니다. 결국 그는 어떤 방법으로도 야곱을 이길 수 없었습니다.

라반은 모든 상황이 야곱에게 유리하게 작용하고 있음을 알고, 그의 것을 빼앗으려 했습니다. 그러나 그는 야곱의 것을 빼앗을 수 없었습니다. 하나님께서 그를 막으셨기 때문입니다. 이는 환경이나 사람, 혹은 세상의 어떤 존재도 참된 세계에 들어간 사람들에게 해를 끼칠 수 없음을 보여 줍니다. 이는 하나님의 눈이 항상 하나님의 사람들을 살피고 계시기 때문입니다.

거짓된 세상의 본질은 스스로 참을 알지 못한다는 데 있습니다. 거짓된 세상에 속한 사람들은 그 자체가 거짓이기 때문에 아무리 애를 써도 참을 깨달을 수 없습니다. 그들이 참을 알게 되는 유일한 방법은 참된 진리가 스스로를 그들에게 드러낼 때입니다. 따라서 세상의 학문이나 종교로는 참을 찾을 수 없습니다. 철학이나 종교에서 언급하는 신은 잘못된 신이며, 거짓이 만들어낸 허상입니다. 이러한 거짓된 신을 믿고 자신들의 두려움을 숨기며 살아가는 존재들이 바로 세상 사람들입니다.

참이 거짓을 이기는 것이지, 거짓이 참을 이길 수는 없습니다. 참에는 거짓을 이길 능력이 있지만, 거짓에는 참을 이길 능력이 없습니다. 거짓은 본래 사망의 속성만을 지니고 있기 때문입니다. 따라서 거짓된 세계에 사는 이들은 결국 자신들의 본질인 사망으로 가게 됩니다. 반면 참된 세계의 본질은 생명입니다. 참은 본래 생명의 속성을 지니고 있습니다. 그러므로 성령의 시대에 참된 세계에 들어온 사람들은 생명의 속성을 지닌 살려 주는 영을 받은 자들입니다. 이 영은 단지 그들을 살릴 뿐 아니라, 그 영향권 안에 있는 모든 존재를 살리는 능력을 가지고 있습니다.

참된 세계에 들어온 사람들에게는 거짓된 세계의 죄와 사망의 법이 사라지고, 생명의 성령의 법이 작동하기 시작합니다. 이 법은 죄와 사망의 법을 삼키며 작동합니다. 사람의 육체와 혼은 본래 죄와 사망의 법 아래에서 태어났지만, 물과 성령으로 거듭나면 죄와 사망의 법이 죽고 생명의 성령의 법이 적용됩니다. 이 법은 인간의 생각으로 운영되는 것이 아니라, 진리의 말씀에 의해 작동합니다. 진리의 말씀이 깨달아지면, 자동적으로 생명의 성령의 법이 운영되어 죄와 사망의 법을 삼키게 됩니다. 이는 죄와 사망의 속박에서 벗어나는 결과를 낳습니다. 마치 사도 바울이 빌립보 감옥에서 기도와 찬송을 드릴 때, 지진으로 옥문이 열리고 결박이 풀렸던 것처럼 말입니다. 이는 죄와 사망의 법의 감옥이 생명의 성령의 법에 의해 무너진 것을 보여 준 사례입니다. 하나님 말씀을 깨닫고 기도했을 때 모든 결박이 풀리고 생명의 역사가 일어나는 이유가 바로 여기에 있습니다. 이러한 변화는 우리의 의지와 상관없이 이루어집니다.

사도 바울은 로마서에서 "오호라, 나는 곤고한 사람이로다 이 사망의 몸에서 누가 나를 건져내랴 우리 주 예수 그리스도로 말미암아 감사하리로다"(롬 7:24)라고 외쳤습니다. 이 말씀은 참된 세계로 들어가면 생명의 성령의 법이 작동하여 죄와 사망의 법이 더는 힘을 발휘하지 못함을 알려줍니다. 사람은 육체와 혼을 가지고 있어 그 안에 악이 존재하지만, 생명의 성령의 법이 작동하면 악은 더 이상 아무런 힘을 발휘하지 못합니다. 그래서 사도 바울은 "예수 그리스도로 말미암아 감사하리로다"라고 외친 것입니다. 예수 그리스도로 인해 생명의 성령의 법이 그의 삶 속에서 작동하면, 악이 더는 그의 삶에 영향을 미칠 수 없었기 때문입니다.

그리스도인들이 진리의 말씀을 깨닫는 것은 매우 중요합니다. 진리의 말씀은 생명의 성령의 법을 작동시키는 근본적인 동력입니다. 우리의 의지나 생각과 상관없이 진리의 말씀을 깨달으면, 영적으로 묶여 있던 것들이 풀어지는 일이 일어납니다. 이는 세상의 방식으로는 설명할 수 없는 영적 원리이며, 진리의 세계에서 작동하는 법칙입니다. 귀신들린 사람을 해방시키기 위해서도 생명의 성령의 법이 작동하게 해야 합니다. 귀신은 인간의 의지나 생각으로 쫓겨나는 것이 아닙니다. 생명의 성령의 법이 작동할 때 저절로 떠나게 됩니다. 이것이 영적 질서입니다.

참된 세계에 속해 있는 야곱의 말을 들은 라반은 완전히 변합니다. 그는 야곱의 아내와 아들들을 자신의 자식이라 생각하고, 양 떼도 자기 것이라고 말하며 "어떻게 내가 내 것을 해칠 수 있겠느냐"라고 말합니다. 이는 참된 세계가 세상을 변화시키는 강력한 힘을 가지고 있음을 보여 줍니다. 라반은 야곱을 통해 참된 세계를 보았고, 아무리 노력해도 자신이 야곱을 이길 수 없다는 사실을 깨달았으므로 변한 것입니다.

결국 라반은 야곱에게 언약을 맺자고 제안합니다. 이는 예전에 그랄 왕 아비멜렉이 아브라함을 찾아와 브엘세바에서 언약을 맺었던 것과 같은 이

치입니다. 아브라함과 야곱이 속한 참된 세계가 아비멜렉과 라반에게 드러났기 때문에 그들이 먼저 언약을 요청한 것입니다. 이처럼 참된 세계는 세상 속에서 드러나 사람들에게 자연스럽게 나타나는 특성이 있습니다.

## 14. 진정한 새출발의 조건
### - 하나님께 예배하는 삶(창31:45-55)

　라반은 야곱과 언약을 맺었습니다. 야곱을 해치려 쫓아왔지만, 결국 그와 화해하며 언약을 맺었습니다. 이 언약의 증표로 야곱은 돌을 가져다가 기둥을 세웠고, 형제들은 돌무더기를 쌓았습니다. 이 돌무더기를 야곱은 '갈르엣(증거의 무덤)'이라 불렀고, 라반은 '여갈사하두다(증거의 언덕)'라 불렀습니다. 또한, 이곳을 '미스바'라 부르기도 했습니다. 이는 서로 떨어져 있어 의사소통이 불가능한 상황에서도 여호와 하나님께서 야곱과 라반 사이를 지켜보신다는 의미를 담고 있습니다. 이 돌기둥과 돌무더기는 야곱이 밧단아람에서 보낸 20년간의 삶을 완전히 정리하는 경계선이자 증거였습니다. 또한, 야곱이 새로운 영적 여정을 시작하는 이정표가 되었습니다.

　'갈르엣'이라는 돌기둥과 돌무더기는 더 이상 라반이 야곱의 삶에 간섭할 수 없음을 상징하는 증표였습니다. 이제 야곱의 삶은 사람의 뜻이 아닌 하나님의 뜻으로 이루어지는 삶으로 전환되었습니다. 야곱의 나라는 라반의 드라빔(우상)을 훔쳤다는 사실과 관계없이 더 이상 라반의 간섭을 받지 않고 오직 하나님의 주권 아래 있게 되었습니다. 야곱의 나라가 우상숭배로 잘못을 저지른다 해도 그것은 하나님께서 판단하실 일이며, 라반과 같은 세상 사람들이 개입할 수 없는 영역이 되었습니다. 이는 야곱의 나라가 하나님의 나라로서 존재하기 때문입니다.

　이제 야곱의 나라는 완전히 새로운 위상을 갖추게 되었습니다. 과거에는 라반이라는 세상에 의지하며 그의 양과 염소를 치고, 라반의 영향 아래 살아야 했습니다. 그러나 이제 야곱의 삶은 더 이상 세상에 휘둘리지 않고, 모든 것을 하나님께서 주관하시는 삶으로 변화되었습니다.

밧단아람에서 야곱의 삶은 라반의 영향 아래 있었지만, 하나님은 그를 통해 이스라엘 12지파의 기초를 세우는 역사를 이루셨습니다. 그리고 그 기초가 완성되자 하나님은 야곱에게 라반을 떠나라는 명령을 내리셨습니다. 이는 하나님의 계획이 드러난 순간이라 할 수 있습니다. 즉, 하나님께서 이스라엘 12지파의 기초를 세우시고, 야곱을 '갈르엣'이라는 세속적 삶의 경계를 넘어 하늘의 삶, 즉 이스라엘로 불러들이신 것입니다. 그 결과 야곱의 이름은 '이스라엘'로 바뀌었고, 물리적 세상 속에서 보이지 않았던 하나님의 나라가 야곱의 가족을 통해 보이게 되었습니다.

'갈르엣' 이후 야곱의 나라는 사람이 보호하는 나라가 아니라 하나님의 군대가 보호하는 나라가 되었습니다. 야곱이 라반과의 일을 끝내고 길을 떠날 때 하나님의 사자들이 나타나 그를 만났습니다. 야곱은 이들을 보고 하나님의 군대라 부르며, 그들이 나타난 곳의 이름을 마하나임이라 명명했습니다.

야곱의 나라는 세상 속에 존재하는 눈에 보이는 하나님의 나라가 되었으며, 하나님의 군대가 함께하는 나라로 자리 잡았습니다. 그러나 이 나라는 세상 한가운데 펼쳐지는 만큼, 세상 나라들과 끊임없이 충돌하게 됩니다. 야곱의 나라는 세상의 거짓 속에서 참된 가치를 세우는 속성을 지니고 있으므로 거짓과의 싸움을 피할 수 없었습니다. 라반과의 전쟁이 끝나자마자 야곱 앞에는 에서와의 전쟁이 기다리고 있었습니다. 참의 세계를 사는 사람들은 끊임없이 영적 전쟁을 치러야 합니다. 그래서 하나님은 야곱에게 하나님의 군대라 부르는 사자들을 보내주셨습니다. 이는 오늘날 그리스도인들에게도 동일하게 적용됩니다. 하나님은 그리스도인들에게 하늘의 사자들을 보내어 세상 속에서 영적 전쟁을 치르도록 하십니다.

성경은 그리스도인들이 영적 전쟁에서 승리할 수 있는 방법을 가르쳐 줍니다. 그것은 전신 갑주를 취하는 것입니다. 전신 갑주는 영적 방어구로서, 통치자와 권세들, 어둠의 세상 주관자들, 그리고 악의 영들을 대적하기 위한 무장입니다. 이 갑주는 진리의 허리띠, 의의 호심경, 평안의 복음이 준비된 신발, 믿음의 방패, 구원의 투구, 성령의 검으로 이루어지며, 모두 하나님의 말씀을 기반으로 하고 있습니다. 하나님의 말씀이 사람 안에 들어올 때 그는 전신 갑주로 무장하게 됩니다. 또한, 전신 갑주는 생각의 갑주입니다. 영적 세계는 곧 생각의 세계이기 때문에, 하늘의 생각으로 무장할 때 악한 자의 불화살을 소멸할 수 있습니다.

그리스도인들은 물과 성령으로 거듭난 영과 육을 지니고 있습니다. 그들의 혼은 영의 생각을 따를 수도, 육의 생각을 따를 수도 있습니다. 사람이 영의 생각을 따르면 전신 갑주를 입게 되고, 육의 생각을 따르면 악한 자의 공격에 무방비로 노출됩니다. 그래서 사도 바울은 영의 생각을 따르라고 권면했습니다. 영의 생각을 따르면 하나님의 나라를 세우는 반면, 육의 생각을 따르면 세상 제국을 건설하게 됩니다. 교회가 육의 생각을 따른다면, 하나님의 이름을 빙자해 거대한 세상적 바벨론 제국을 세우게 될 것입니다.

야곱은 라반과의 모든 일을 마무리한 뒤 산에서 제사를 드리고, 형제들을 불러 함께 떡을 먹으며 밤을 지냈습니다. 이 제사는 야곱의 나라에서 드린 첫 제사로, 이는 하나님의 교통이 야곱의 나라와 새롭게 시작되었음을 의미합니다. 하나님은 보이지 않는 영이시며, 육체를 가진 인간이 영이신 하나님을 섬기는 방법은 제사를 드리는 것입니다. 야곱의 나라는 이 제사를 통해 하나님을 섬겼습니다. 하나님 나라의 사람들은 제사에 실패하면 모든 것을 잃게 됩니다. 가인처럼 제사에 실패하면 악한 자의 먹잇감이 되고 맙니다. 뱀이 종신토록 흙을 먹는다는 것은 가인처럼 제사에 실패한 자들을 먹고 산다는 뜻입니다.

성령의 시대에 그리스도인들이 드리는 제사는 자신의 몸을 하나님이 기뻐하시는 거룩한 산 제물로 바치는 것입니다. 이것은 성령의 시대에 하나님이 알려 주신 제사법이자, 그리스도인들이 드릴 영적 예배의 형태입니다. 여기서 "거룩한 산 제물"이란, 그 몸이 성전에 바쳐진 제물이라는 뜻입니다. 그렇다면 그리스도인들이 '자신의 몸'을 거룩한 산 제물로 드린다는 것은 무엇일까요? 그것은 자신의 몸이 하나님의 뜻을 따르도록 하는 것입니다. 그리스도인들의 몸은 살아 있는 존재로서 하나님의 뜻을 따를 때 산 제물이 됩니다. 하나님께서는 이것이 바로 이 시대의 그리스도인들이 드릴 영적 예배라고 알려 주십니다. 주일에 교회에 모여 예배드리는 행위도 자신의 몸을 거룩한 산 제물로 드리는 것에 해당합니다.

따라서 그리스도인들이 올바른 제사를 드리기 위해서는 매일 깨어 하늘의 소리를 들어야 합니다. 깨어 있다는 것은 영적 세계에 눈을 뜬 상태를 뜻합니다. 오늘 하루 예수 그리스도께 나아가 그 말씀을 듣고 행하면, 그 날은 깨어 있는 날이 될 것입니다. 하나님께서는 매일 깨어 있으라고 말씀하십니다. 이는 그리스도인들이 영적 군사로서 매일 깨어 있어야 적을 물리칠 수 있기 때문입니다. 그리스도인은 거룩한 영적 전쟁에 부름받은 군사이며, 그들의 몸은 영적 전쟁에서 없어서는 안 될 필수적인 도구입니다. 악한 영들이 점령하는 곳이 사람의 몸이기 때문에, 하나님께서는 사람의 몸 안에 임하셔서 다른 이들을 구원하십니다. 이 시대의 천국은 사람의 몸에서 건설되므로 사람의 몸은 천국을 세우기 위한 중요한 터전과 같습니다.

사람의 영은 물과 성령으로 거듭난 영적 존재로, 완전한 거룩함과 의를 지니고 있습니다. 그러나 거듭난 영은 여전히 육체 속에 머물며, 육체는 영의 집과 같은 역할을 합니다. 하지만 육체는 영과 달리 거룩하지 않습니다. 이로 인해 바울은 "예수 그리스도로 말미암아 감사하리로다"라고 외쳤습니다. 바울은 영과 육체를 분리하지 않고, 둘 다 자신이라 여겼습니다. 그는 선을 행하기를 원하는 자신 안에 악이 함께 있는 것을 본다고 말했습니다. 그러나 육체에 악이 있더라도, 예수 그리스도로 인해 그 악은 더 이상 사람을 지배하지 못하며, 영의 생각을 밖으로 드러내는 도구로 사용됩니다. 따라서 몸을 거룩한 산 제물로 드린다는 것은 바로 이러한 충실한 도구로서의 역할을 다하라는 뜻입니다.

그렇다면 영과 육을 함께 가진 나는 어떤 존재일까요? 나는 물과 성령으로 거듭난 완전하고 거룩한 영적 존재이며, 동시에 그리스도의 십자가를 통해 악의 속성을 극복하고 영을 따르는 육체를 가진 존재입니다. 이 육체 또한 예수를 믿음으로 의롭다 여김받는 존재가 됩니다. 그러므로 우리의 육체는 비록 악의 잔재가 남아 있을지라도, 그리스도의 복음을 전하는 데 없어서는 안 될 소중한 의의 병기입니다.

4부

두려움을 이기는 하나님의 방법

## 15. 천사들이 함께한다는 증거
  – 당신도 혼자가 아니다(창32:1-12)

야곱이 길을 갈 때 하나님의 사자들이 그를 만났습니다. 하나님의 사자들은 하나님의 군대로서, 하나님의 나라가 된 야곱의 가족을 보호한다는 사실을 알려 주었습니다. 이는 하나님의 나라가 하나님의 군대의 보호를 받는다는 것을 나타냅니다. 야곱은 하나님의 사자가 나타난 그 땅을 마하나임이라 불렀는데, 이는 야곱의 나라가 영적인 나라로서 영적 군대의 보호를 받는다는 뜻을 담고 있습니다. 겉으로는 약해 보이지만 세상의 어떤 군대도 이길 수 없는, 세상의 나라와 완전히 다른 개념의 나라가 등장한 것입니다.

하나님의 나라는 이처럼 하나님의 군대가 호위하는 나라입니다. 오늘날 그리스도인들이 바로 하나님의 나라입니다. 따라서 그리스도인들이 가는 곳에는 언제나 하나님의 군대가 함께합니다. 그곳을 마하나임이라 부르는데, 이는 하나님이 계시는 나라가 곧 마하나임이라는 의미를 지닙니다. 하나님의 나라가 있는 곳에는 언제나 하나님의 군대가 함께하기 때문입니다. 그리스도인들이 어디를 가든 하늘 군대는 그들과 함께하므로, 그들이 머무는 곳이 바로 마하나임이 됩니다. 그러므로 세상의 어떤 권세도 그들을 이길 수 없습니다.

그러나 하나님의 군대가 활동하지 않는 곳이 있습니다. 그곳을 보김이라 부릅니다. 보김은 이스라엘 백성이 하나님의 명령, 즉 가나안 족속과 언약을 맺지 말고 그들의 제단을 헐라는 말씀을 듣지 않았기 때문에 여호와의 사자가 보낸 장소입니다. 여호와의 사자는 보김에서 하나님이 더는 가나안 족속을 쫓아내지 않겠다고 선언하셨습니다. 이곳은 마하나임과 완전히 대조되는 장소입니다. 이는 이 시대 그리스도인들에게 세상과 타협하면 하나님의 군대가 일하지 않는다는 가르침을 줍니다. 그리스도인이 정체성을 잃고 세상과 타협하며 살아간다면, 그들의 마하나임은 더 이상 존재할 수 없습니다. 세상과의 타협은 곧 그리스도인의 삶에서 푯대를 잃어버리는 것이며, 산 제물로서의 삶을 포기하는 것을 의미합니다.

야곱은 길르앗 지역에서 라반과 헤어진 뒤 가나안 땅으로 향했습니다. 에돔 지역에 있던 에서와 가까워졌을 때, 그는 사자를 보내 자신의 소식과 함께 많은 소, 나귀, 양 떼, 노비를 형에게 예물로 드릴 것이니 은혜를 베풀어 달라고 요청했습니다. 그러나 야곱은 에서가 400명의 군사를 거느리고 자신에게 온다는 소식을 듣고 심히 두려워하며 여러 가지로 살길을 모색했습니다.

야곱은 에서가 어떻게 행동할지 알 수 없었기 때문에 무리를 둘로 나누었습니다. 한쪽이 공격당하면 다른 쪽이 도망칠 수 있도록 하기 위함이었습니다. 이는 인간의 전형적인 보호 본능으로, 육적인 두려움에 사로잡혔을 때 나타나는 반응입니다. 인간은 육체를 가지고 있기 때문에 두려움이 생기는 것은 자연스러운 일이며, 육체를 가진 누구에게나 이런 종류의 두려움은 언제든 찾아올 수 있습니다. 이런 두려움이 생기면, 야곱처럼 사람들은 육적인 방법으로 자신을 보호하려고 합니다. 두려움은 본능과도 같아서 인간의 힘만으로는 완전히 극복하기 어렵습니다. 이를 해결하기 위해 예수 그리스도가 이 땅에 오셨습니다.

그렇다면 예수 그리스도는 어떻게 인간을 두려움에서 해방시키셨을까요? 그것은 그분의 십자가 죽음을 통해 인간의 모든 두려움을 못 박아 죽였습니다. 따라서 십자가의 죽음 이후에 찾아오는 두려움은 실제가 아니라 허상입니다. 그리스도인들에게 이런 허상의 두려움이 생기는 이유는 육체 때문입니다. 그래서 예수 그리스도는 물세례를 통해 그리스도인의 육체를 십자가에 못 박아 죽였다고 선포하셨습니다. 이는 인간이 죄를 지으면서 나타난 근본적인 두려움까지도 소멸시키신 것입니다. 그렇게 하여 예수 그리스도는 그리스도인들에게 생명과 평안을 주셨습니다. 따라서 그리스도인이 느끼는 두려움은 허상에 불과합니다. 그럼에도 불구하고 그리스도인들이 두려움을 느끼는 이유는 자신이 온전한 산 제물이 되지 못했기 때문입니다. 결국 이는 내면의 문제, 곧 육적인 삶에서 비롯된 것입니다.

야곱도 육체를 가진 사람이었기 때문에 에서에 대한 두려움에 사로잡혔습니다. 이는 오늘날 그리스도인들이 경험하는 두려움과 다르지 않습니다. 그러나 야곱은 얍복 강가에서 천사와 씨름하며 그 두려움을 극복합니다. 결국 하나님의 도우심으로 두려움을 이길 수 있음을 보여 줍니다. 그리스도인이 가진 육적인 두려움도 영의 길을 따를 때 사라집니다. 야곱 역시 그의 이름이 육적인 이름인 '야곱'에서 영적인 이름인 '이스라엘'로 바뀌면서 두려움을 떨쳐 냈습니다. '이스라엘'이라는 이름은 "하나님과 사람들과 겨루어 이겼다"는 뜻을 담고 있습니다. 약속의 자녀인 야곱에게도 육적인 두려움이 찾아왔지만, 하나님의 군대가 그를 보호했기 때문에 하나님을 의지한 그는 두려움에서 벗어날 수 있었습니다. 이는 두려움이 허상에 불과하다는 것을 보여 줍니다.

야곱은 하나님의 나라를 상징합니다. 하나님의 나라는 어느 누구도 이길 수 없는 나라로, 설령 에서의 400명의 군대가 쳐들어온다 해도 야곱의 나라를 무너뜨릴 수 없습니다. 에서의 400명의 군대는 겉으로는 위협적으로 보이지만, 실제로는 야곱의 육체를 위협하려는 허상에 지나지 않습니다. 이는 현실로 실현될 수 없는 두려움입니다. 야곱은 그것을 무효화할 능력이 있었습니다. 그는 하나님의 군대가 함께하는 마하나임에 서 있었기 때문입니다. 마찬가지로 세상의 어떤 위협도 오늘날 그리스도인을 두렵게 할 수는 없습니다. 그리스도인이 마하나임에 서 있는 한, 세상의 위협은 허상에 지나지 않습니다.

야곱은 하나님이 약속하신 말씀을 상기하며 기도합니다. 그가 직면한 에서의 400명의 군대가 그의 앞에 있는 상황은 하나님의 약속과 어긋나는 현실임을 떠올립니다. 이처럼 하나님의 언약과 반대되는 환경은 그리스도인들이 흔히 마주하는 현실입니다. 하지만 하나님의 뜻과 맞지 않는 이런 환경은 실상 허상에 불과합니다. 그리스도인들은 기도와 말씀을 통해 이러한 상황을 극복할 수 있습니다. 다시 말해 육적인 두려움을 영적인 힘으로 이겨낼 수 있습니다. 그러므로 이런 환경이 나타날 때 그것을 그리스도인의 양식으로 여기고 기도와 말씀으로 이겨 내야 합니다.

하나님께서는 성령의 사람들에게 기도라는 강력한 영적 무기를 허락하셨습니다. 기도는 하나님의 말씀을 깨닫게 하는 가장 효과적인 도구입니다. 성령의 검, 곧 말씀이 우리 안에서 능력 있게 작동하기 위해서는 기도가 필수적입니다. 그리스도인들은 에서의 400명의 군대와 같은 상황을 매일 만날 수 있으므로 끊임없이 기도해야 합니다. 이런 상황 속에서는 하나님의 말씀이 살아 역사해야 하며, 그 중심에는 반드시 기도가 자리해야 합니다. 기도는 말씀의 세계를 여는 열쇠와 같으며, 영적 세계에 들어가는 데 없어서는 안 될 중요한 요소입니다.

그리스도인들이 목표를 향해 살아갈 때 영적인 길이 열립니다. 그 길 위에서는 올바른 기도가 필요합니다. 이는 기도가 단순히 어떤 신령함을 위한 것이 아니라, 영적인 길이 드러날 때 이를 분별하고 준비하기 위해 필요한 것이기 때문입니다. 이 영적인 길은 말씀을 통해 나타납니다. 말씀이 깨달아질 때 영적인 길이 보이고, 바로 그때 기도가 필요합니다. 따라서 말씀과 기도는 불가분의 관계에 있습니다. 말씀 없이 기도할 수 없고, 기도 없이 말씀의 세계에 깊이 들어갈 수 없습니다.

## 16. 두려움을 이기는 믿음의 힘
### - 400명의 군사를 무릎 꿇리는 법(창32:13-23)

야곱은 밧단아람을 떠난 후 곧 에서의 군대를 만났습니다. 하나님의 나라가 시작되자마자 에서의 400명의 군대를 만난 셈입니다. 그때 야곱은 두려움과 답답함에 사로잡혔습니다. 그는 마하나임에서 밤을 보내며 자신의 소유 중 일부를 에서를 위한 예물로 선택했습니다. 그 예물의 양을 보면 야곱이 밧단아람에서 얼마나 큰 은혜를 받았는지 알 수 있습니다. 에서에게 보낸 예물은 모두 하나님께서 밧단아람에서 야곱에게 주신 재물이었습니다. 야곱은 에서의 마음을 달래기 위해 그 예물을 여러 무리로 나누어 종들에게 맡겼습니다. 그리고 에서를 만나면 그것들이 모두 에서에게 보내는 예물이며, 야곱은 예물 뒤에 있다고 전하라고 지시했습니다. 이는 에서의 400명의 군대에 대한 두려움을 극복하기 위해 야곱이 생각해 낸 인간적인 방법이었습니다.

야곱은 에서에게 보낼 예물을 뒤로하고 무리와 함께 밤을 보내다 밤중에 일어나 두 아내와 두 여종, 열한 아들을 인도하여 얍복 나루를 건너게 했습니다. 그의 모든 소유물도 강 건너로 보낸 후 홀로 남았습니다. 이는 에서의 400명의 군대를 이길 방법을 야곱에게 가르쳐 주시려는 하나님의 뜻이었습니다. 야곱은 밧단아람에서 하나님의 은혜로 많은 재물을 얻었지만, 그 재물들이 그의 두려움을 근본적으로 해결해 주지 못했습니다. 그는 밧단아람에서 하나님의 뜻에 따라 네 아내에게서 열한 아들과 한 딸을 얻었습니다. 이는 하나님의 언약을 성취하기 위한 과정이었습니다. 그러나 에서의 군대에 대한 두려움의 문제는 그동안 하나님께 받은 은혜가 아니라 야곱이 하나님과 단둘이 있을 때 해결되었습니다.

　복음의 시대 그리스도인들은 예수 그리스도를 믿음으로써 육적인 삶에서 많은 은혜를 누립니다. 이러한 은혜는 하나님께서 창조하신 세상 속에서 이루어진 결과로, 물리적 형태로 나타납니다. 그것은 어디까지나 은혜의 산물일 뿐, 직접적으로 삶의 문제를 해결하거나 두려움을 없애지는 못합니다. 그리스도인들은 하나님께서 주신 육적인 것들에 마음을 빼앗기지 않고 하나님과의 관계에 집중할 때 두려움을 이길 수 있습니다. 야곱이 아무리 많은 예물을 준비했어도 에서의 마음을 움직일 수 없습니다. 오직 하나님의 영이 역사하실 때에만 그 마음을 움직일 수 있습니다.

　야곱이 밧단아람에서 얻은 육적인 소유는 두려움을 해결하지 못했습니다. 그가 예물로 에서의 마음을 녹이려 했던 것은, 마치 아담이 무화과나무 잎으로 자신의 몸을 가리려 했던 것과 같았습니다. 그러나 하나님께서 아담에게 가죽옷을 입히셨던 것처럼, 참된 해결은 육적인 것이 아니라 영적인 것입니다. 하나님은 야곱에게 그가 가진 모든 소유가 하나님께로부터 온 것임을 알게 하시면서, 그 소유가 그의 문제를 해결할 수 없다는 사실을 깨닫게 하셨습니다. 따라서 그는 육적인 소유에 의지하려는 생각을 완전히 버려야 했습니다. 야곱이 자신의 모든 것을 에서에게 보내고 하나님과 단둘이 남았을 때, 그는 두려움에서 벗어날 길을 찾게 됩니다.

　결국, 인간이 두려움을 이기는 방법은 하나님께서 주신 가죽옷을 입는 것입니다. 하나님이 주신 육적인 재물이나 결과물들은 가죽옷이 될 수 없습니다. 가죽옷은 하나님의 옷, 즉 영적인 옷입니다. 성령의 시대에는 예수 그리스도로 옷 입는 것입니다. 곧 가죽옷을 입는 것입니다. 이는 영적인 변화와 성장을 의미합니다. 영의 옷은 하나님의 말씀을 먹고 그 말씀으로 생명이 충만해질 때 입혀지는 것입니다. 이렇게 영의 옷을 입을 때, 육체와 영혼이 거룩하게 변화하며 두려움은 사라지게 됩니다.

하나님의 말씀은 그리스도인의 삶 속에서 경험으로 새겨집니다. 사도 바울이 갈라디아 교인들에게 "이후로는 누구든지 나를 괴롭게 하지 말라 내가 내 몸에 예수의 흔적을 지니고 있노라"(갈 6:17)라고 말한 것은, 그의 삶 속에서 경험한 하나님의 말씀이 그의 몸에 새겨졌음을 의미합니다. 바울이 영의 생각을 따라 살았을 때 그의 육체는 천국을 경험했고, 이는 영적 흔적이 되어 그의 삶에 남았습니다. 마찬가지로, 하나님의 말씀은 경험을 통해 우리 삶에 새겨지며, 이는 곧 예수의 흔적이 됩니다.

예수 그리스도의 도는 단순한 이론이 아니라, 삶 속에서 경험되는 도입니다. 하나님은 사사 시대에 이스라엘 백성들에게 가나안의 일곱 족속을 완전히 정복하지 않으셨습니다. 이는 후대 백성들이 남은 족속과의 전쟁을 통해 하나님을 직접 경험하게 하기 위함이었습니다. 오늘날에도 하나님의 말씀을 가지고 영적 전쟁을 할 때, 우리는 하나님을 경험하게 됩니다. 이 영적 전쟁은 하나님의 말씀 없이는 불가능합니다.

야곱은 이삭에게서 하나님의 언약을 물려받았습니다. 이 언약을 통해 하나님은 야곱과 함께하시며 그의 삶 속에서 언약을 이루셨습니다. 오늘날 성령의 기름 부음을 받은 그리스도인들도 하나님의 기업을 소유한 자들입니다. 성령께서는 예수 그리스도를 증거하도록 우리를 인도하시며, 이를 위해 여러 은사를 주십니다. 그러나 이러한 은사들이 목적이 되어서는 안 되며, 초점은 항상 예수 그리스도를 증거하는 데 맞춰져야 합니다.

성령의 시대를 사는 우리는 성령의 본질을 깨닫고 그에 따라 살아야 합니다. 성령세례의 목적은 우리의 육체를 통해 성령의 본질을 드러내는 데 있습니다. 육체가 올바른 목적에 쓰일 때, 육체의 무질서와 질병까지도 치유될 수 있습니다.

본문은 야곱이 얼마나 처절하게 천사와 씨름했는지를 보여줍니다. 야곱은 살길이 그것뿐이라는 절박한 심정으로 씨름했습니다. 이는 하늘의 것을 얻고자 하는 이들에게 필요한 자세를 가르쳐 줍니다. 하늘의 것을 소유하려면 그것에 목숨을 걸 각오를 해야 한다는 뜻입니다. 마찬가지로 인간이 두려움을 극복하려면 이와 같은 태도를 가져야 합니다.

# 17. 하나님과 씨름하는 밤
### - 당신의 이름도 바뀔 수 있다(창32:24-32)

야곱은 얍복강 가에서 밧단아람에서 얻은 모든 것을 떠나보냈습니다. 이제 그는 밧단아람에 처음 갈 때처럼 혼자가 되었습니다. 하나님의 은혜로 소유하고 있던 모든 것을 강 건너로 보내고 홀로 남자, 하나님이 사람의 모습으로 나타나셨습니다. 하나님이 사람의 모습으로 나타나신다는 것은 인간의 수준에 맞추어 하나님의 뜻을 전달하신다는 의미입니다. 그렇게 전달된 하나님의 뜻을 이해하는 사람들은 영적 분별력이 있는 자들입니다. 하나님은 사람의 수준에 맞추어 뜻을 전하시며, 이를 깨닫고 이해하는 것이 바로 영적 분별력입니다. 하나님은 이 시대에도 육신을 가진 사람들을 통해 세상 사람들에게 말씀하십니다.

야곱은 하나님과 날이 새도록 씨름했습니다. 그는 자신을 축복하지 않으면 보내지 않겠다고 하며 하나님을 놓아주지 않았습니다. 하나님은 야곱을 이길 수 있음에도 불구하고, 축복을 간구하는 야곱에게 져 주셨습니다. 축복을 구하는 야곱과 같은 자에게는 친히 그의 뜻을 따르신다는 것을 보여 주셨습니다. 그때 야곱의 이름은 이스라엘로 바뀝니다. 이스라엘이라는 이름은 사람과 하나님과 겨루어 이겼다는 뜻을 가지고 있습니다. 야곱이 하나님과 사람들을 이겼다는 것은 그가 하나님의 축복을 구했기 때문입니다. 하나님은 축복을 간구하는 자들의 뜻을 수용하시는 속성을 가지고 계십니다. 그래서 하나님이 야곱의 뜻을 받아들이신 것을 '하나님을 이겼다'고 표현한 것입니다. 이 일을 통해 야곱은 '이스라엘'이라는 이름을 받았습니다.

하늘과 땅의 모든 피조물 중 하나님을 이길 수 있는 존재는 없습니다. 그러나 하나님의 축복을 간구하는 약속의 자녀들의 뜻에는 굴복하십니다. 이는 약속의 사람들이 축복을 구함으로써 하나님의 뜻을 변화시킬 수 있음을 보여 줍니다. 그렇다면 야곱이 구한 축복은 무엇일까요? 그것은 하나님이 사람에게 주시는 최고의 선물, 곧 하나님의 말씀입니다. 세상의 어떤 존재도 하나님의 말씀을 담을 수 없지만, 약속의 사람들은 이를 담을 수 있는 존재들입니다. 하나님의 말씀을 담은 사람은 그 말씀으로 인해 삶이 변화되기 시작합니다. 말씀은 살아 움직이며, 사람을 이끄는 힘이 있습니다. 이로써 말씀에 이끌리는 사람은 영적인 사람이 되고, 하나님의 영과 함께하는 자가 됩니다. 야곱이 얍복강에서 하나님과 씨름한 것은 결국 하나님의 말씀을 얻기 위함이었습니다. 하나님의 말씀을 받으면 육적인 삶이 영적인 삶으로 변화되기 때문입니다. 이는 하나님께서 그의 삶을 다스려 주시길 바라는 간구였습니다. 야곱이 영적인 삶을 살게 되자 두려움과 의심이 사라지게 되었습니다. 두려움과 의심은 육적인 세계의 속성이며, 영적인 세계에는 그러한 개념 자체가 존재하지 않습니다.

야곱은 얍복강에서 그의 환도뼈가 나갈 정도로 처절하게 축복을 구했습니다. 이는 하나님의 말씀, 곧 영적인 삶을 요청한 것이었습니다. 약속의 사람들에게 하나님의 말씀은 그들의 전부이기 때문입니다. 다른 모든 것을 잃어도 말씀만 있으면 충분하지만, 말씀이 없으면 어떤 것도 삶의 의미를 줄 수 없습니다. 그래서 약속의 사람들은 하나님의 말씀을 최우선으로 여기며, 그것을 얻기 위해 치열하게 간구해야 합니다. 기도가 필요한 이유도 여기에 있습니다.

야곱이 얍복강에서 하나님과 씨름한 것은 처절한 기도의 모습입니다.

하나님은 이렇게 간절히 부르짖는 기도를 하는 자들을 찾으십니다. 부르짖는 기도는 결국 하나님의 말씀을 간구하는 기도입니다. 하나님의 말씀은 그의 삶을 구원하며 새로운 방향으로 이끌기 때문입니다. 간절히 기도하는 사람들은 말씀을 받고, 그 말씀에 따라 영적인 삶을 살게 됩니다. 하나님은 이렇게 간구하는 자들의 뜻을 받으십니다. 이는 약속의 사람들이 하나님의 말씀을 따르는 삶을 살기를 원하시는 하나님의 본질적인 뜻에서 비롯됩니다.

사사 시대 이스라엘 백성들의 삶을 보면, 야곱이 축복을 달라고 하나님과 씨름한 장면을 깊이 이해할 수 있습니다. 이스라엘 백성이 우상숭배로 인해 세상의 종이 되었을 때, 그 고난에서 벗어나기 위해 간절히 부르짖으며 기도하자 하나님께서는 영의 사람, 곧 사사들을 보내어 그들을 구원하셨습니다. 이는 이스라엘 백성이 하나님의 뜻대로 살아가도록 하기 위함이었습니다. 성경을 보면 영의 사람인 사사가 나타날 때, 열두 지파가 하나 되어 그의 말을 따르는 모습을 확인할 수 있습니다.

오늘날에도 그리스도인의 부르짖는 기도가 필요한 이유는 하나님의 로고스, 즉 말씀을 얻기 위함에 있습니다. 그리스도인에게 말씀이 있다면, 그 말씀은 그 사람과 그의 환경을 다스리며, 사사 시대처럼 세상을 이기는 삶을 이루게 합니다. 하나님의 통치가 삶 속에 드러날 때, 그 삶은 세상의 육적인 차원을 넘어 하늘의 차원으로 변화됩니다. 하늘의 삶에 들어서면 모든 의심과 두려움은 사라집니다. 이는 하늘의 삶 자체가 의심과 두려움과는 거리가 먼 본질을 가지고 있기 때문입니다.

결국 야곱이 얍복 강가에서 하나님과 씨름한 것은 하나님의 말씀을 간구하기 위한 것이었습니다. 하나님의 말씀만 있으면 세상을 이길 수 있기 때문입니다. 하나님의 말씀을 담을 수 있는 그릇은 약속의 사람뿐이며, 그런 사람은 그 말씀을 흘려보내는 통로가 됩니다. 하나님이 약속의 사람을 선택하신 이유가 바로 여기에 있습니다. 하나님은 말씀을 간절히 구하며 기도하는 자들, 즉 씨름하는 자들에게 말씀을 허락하십니다.

에스겔 47장 1절에서 나타난 성전 문지방에서 물이 흘러나오는 것은 그 물이 육체를 가진 사람에게 전해지기 위함입니다. 성전에서 나오는 물은 찾고, 구하고, 두드리는 자들이 차지합니다. 이는 하나님께서 정하신 원칙이며, 구하지 않는 자는 말씀을 얻을 수 없습니다. 말씀을 위해 투쟁하는 자들이 그것을 쟁취하며, 이러한 투쟁과 씨름은 곧 하나님과 그분의 말씀을 환영하는 행위입니다. 그래서 말씀을 간절히 구하며 씨름하는 자들에게 하나님은 그들의 간구에 응답하시고 말씀을 주십니다. 이때 그들은 '이스라엘'이라는 이름을 받습니다. 세례 요한 이후부터 천국은 침노를 당한다는 것이 바로 이런 말입니다.

이스라엘이라는 이름을 가진 사람들에게는 하나님의 통치가 이루어집니다. 야곱의 자손들인 이스라엘 백성이 하나님의 함께하심을 경험한 이유가 바로 이것입니다. 출애굽 당시 열 가지 재앙과 홍해가 갈라지는 기적, 그리고 가나안 정복 과정에서의 승리도 그들이 이스라엘이라는 이름을 가지고 있었기 때문입니다. 비록 그들이 부족한 면이 있었으나, 하나님은 그들을 통해 당신의 역사를 이루셨습니다. 오늘날 우리도 야곱처럼 간절히 부르짖고 씨름할 때, 이스라엘이라는 이름을 얻게 됩니다. 그리고 하나님이 이루시는 구속의 역사에 동참하게 됩니다. 하나님께 말씀을 간구하며 씨름하면, 하나님은 야곱에게 그러하셨듯이 말씀을 허락하십니다.

그 말씀을 가진 자는 이스라엘로서 세상을 다스리는 하나님의 통치를 경험합니다. 이는 곧 삶 속에서 하나님을 체험하는 것입니다.

야곱의 이야기는 우리에게 하나님의 말씀을 간절히 구하라고 가르칩니다. 야곱은 환도뼈가 탈골되는 고통 속에서도 포기하지 않고, 말 그대로 목숨을 걸고 하나님의 축복을 간구했습니다. 하나님께서 야곱의 환도뼈를 치신 것은 그를 해하려는 것이 아니라 그의 간구를 시험하신 것이었습니다. 그러한 시험이 찾아와도 끝까지 구하는 자가 하늘의 말씀을 얻게 됩니다. 하늘의 말씀을 소유한 자는 실상 모든 것을 가진 사람이 됩니다. 그의 등 위에는 예수 그리스도가 함께하시기 때문입니다. 그는 가는 곳마다 예수 그리스도가 함께하시는 일을 경험하며, 많은 생명이 살아나는 역사가 일어납니다. 죽음이 생명으로 바뀌는 놀라운 일이 그의 삶을 통해 드러나게 됩니다.

## 18. 은혜로 살아가는 인생의 비밀
― 하나님이 주도하는 삶(창33:1-11)

에서는 하나님의 기업을 받지 못했지만, 세상에서는 400명의 장정을 거느릴 만큼 번창했습니다. 하나님의 기업을 받지 못했다고 해서 육적으로 실패한 것은 아닙니다. 하나님의 기업을 물려받았다는 것은 영적 세계, 즉 예수 그리스도를 보내시는 하나님의 거대한 계획에 참여한다는 것을 의미합니다. 에서는 그 계획에 동참하지 못했지만, 현실 세계에서는 번영하는 삶을 살았음을 알 수 있습니다. 그는 세상에서 육적으로 강한 자였습니다. 반면, 야곱은 육적인 관점에서 강한 자가 아니었습니다. 그러나 그는 하나님께 깊은 관심을 가졌고, 하나님을 의지하며 살아갔습니다.

야곱이 가나안 땅으로 돌아올 때, 그는 육적으로 강하게 성장한 형 에서의 산을 넘어야 했습니다. 그래서 얍복강 가에서 하나님과 씨름하며 축복을 간구했습니다. 이는 세상의 강함을 상징하는 형 에서를, 하늘의 능력으로 이기게 해 달라는 야곱의 절박한 부르짖음이었습니다. 야곱에게는 자신의 생명뿐만 아니라 아내, 자녀들, 그리고 종들의 생명도 걸려 있었습니다. 그러나 그는 하나님의 축복만 있다면 세상의 강함을 이길 수 있음을 알았으므로 얍복강 가에서 하늘의 사람을 만나 축복을 구하며 씨름한 것입니다. 결국 그는 그 씨름에서 이겨 '이스라엘'이라는 이름을 받았습니다. 이는 이제부터 그와 그의 후손이 하나님의 통치를 받는 존재가 되었음을 의미합니다.

야곱은 이스라엘이라는 이름을 받은 후 에서를 맞이합니다. 두려움과 답답함 속에 있던 그는 이제 이스라엘이라는 이름을 가지고 에서를 만나게 됩니다. 야곱이 이스라엘이라는 이름을 받았다는 것은 곧 하나님의 말씀이 그에게 임했다는 뜻입니다. 따라서 야곱, 곧 이스라엘은 어디를 가든 하나님의 말씀과 함께하는 사람이 되었습니다.

앞서 이스라엘이라는 이름이 '하나님과 사람과 겨루어 이겼다'는 뜻이며, 하나님의 축복을 구하면 하나님이 져 주시고, 하늘의 것을 취하면 하나님의 통치 아래 들어간다는 의미라고 언급한 바 있습니다. 이러한 사람은 세상 그 누구도 함부로 할 수 없습니다. 이는 하나님께서 말씀으로 세상을 통치하시기 때문입니다. 이스라엘이 된 야곱은 담담하게 에서를 맞이합니다. 이전에는 두려움 속에 있었지만, 이제 그는 더 이상 야곱이 아니라 이스라엘로서 흔들림 없이 에서를 맞이하게 됩니다.

야곱이 이스라엘이 되자 그의 이름이 가진 의미가 그의 삶에서 드러났습니다. 야곱이 하늘의 것, 즉 하나님의 말씀을 받으니 그 말씀이 그를 다스리는 일이 일어났습니다. 하나님의 말씀에 의한 통치는 에서의 마음을 녹이고 야곱을 안아 목을 맞대고 서로 입 맞추며 울게 하였습니다. 이것이 하늘의 말씀이 세상의 사람들을 다스리는 방식입니다. 하나님의 통치는 하나님의 말씀을 가진 자들의 환경을 변화시키는 방식으로 나타납니다. 야곱이 받은 하나님의 말씀은 그를 중심으로 연결된 모든 사람과 환경을 변화시키며 작용하였습니다. 하나님의 통치는 사람의 차원에서 이루어지는데, 여기서는 에서의 마음을 완전히 변화시키는 방식으로 나타났습니다. 400명의 장정을 이끌고 출발할 때의 에서의 마음과 야곱이 이스라엘이라는 이름과 말씀을 가졌을 때 그를 대하는 에서의 마음은 완전히 달라졌습니다.

야곱과 에서, 그리고 400명의 군대 이야기는 사람이 하나님의 말씀을 받을 때 그의 환경이 어떻게 변화하는지를 구체적으로 보여 줍니다. 이는 하나님의 영이 말씀을 받은 사람을 중심으로 역사하신다는 사실을 알게 합니다. 에서는 자신도 모르게 마음이 변하여 동생 야곱을 끌어안았습니다. 이처럼 하나님의 통치는 사람의 마음과 생각을 변화시키는 방식으로 이루어집니다.

하나님의 말씀을 받으면 그 말씀을 받은 사람을 중심으로 하나님의 영이 함께하고 그 사람의 주변 환경이 변화됩니다. 사사 시대의 이스라엘 백성들을 보면 그들이 열네 번이나 우상숭배에 빠졌으나, 영적인 사람, 즉 하나님의 말씀을 받은 자가 등장하면 그를 중심으로 우상숭배의 환경이 하나님의 영이 역사하는 환경으로 변했습니다. 요아스의 아들 기드온에게 하나님의 말씀이 임하자 그는 아버지 집에 있던 바알의 제단을 헐고, 아버지의 칠 년 된 수소를 잡아 찍은 아세라 상을 태우며 번제를 드리라는 하나님의 명령을 목숨을 걸고 실행하였습니다. 그 후 그를 중심으로 환경이 완전히 변화하였고, 이스라엘 백성들이 기드온을 따르게 됩니다. 결국 그는 미디안의 손에서 이스라엘을 구원하였습니다. 하나님의 말씀을 가진 자가 이스라엘에 나타나자 그를 중심으로 말씀이 다스리는 일이 일어났습니다.

기드온에게 하나님의 말씀이 임하자 이스라엘 백성들은 하나님의 통치 아래 들어갔고, 결국 기드온의 300명의 군대가 미디안의 수만 명의 군대를 무찌르는 결과를 가져왔습니다. 이 300명의 군대는 110대 1의 경쟁을 뚫고 하나님의 군대로 선발된 사람들입니다. 이는 사람에게 있어 최고의 영광입니다. 하나님이 그들 가운데 함께하시며 미디안 군사와의 전쟁을 직접 경험하게 하셨고, 그 승리를 그들의 영광으로 돌리게 하셨기 때문입니다. 미디안 군사들은 자신들이 하나님의 통치 아래 들어왔음을 알지 못한 채 서로를 적으로 착각하여 싸우다 스스로 무너졌습니다. 하나님은 이처럼 세상에서 말씀을 통해 하나님의 영이 함께하도록 하시며 자신의 뜻을 이루십니다.

하나님은 야곱에게 씨름하는 기도를 통해 하늘의 축복인 말씀을 받게 하시고 그의 이름을 이스라엘로 바꾸어 하나님의 통치가 그에게 임하도록 하시며 하나님의 계획을 이루십니다. 이처럼 하나님은 야곱과 같은 사람을 통해 세상에서 하나님의 역사를 이루어 가십니다. 하늘의 것을 목숨 걸고 구하는 이들에게 말씀을 주시고 그 말씀을 통해 그들의 환경을 통치하심으로써 하나님의 계획을 이루십니다.

야곱과 에서의 이야기에서 볼 수 있듯이 에서도 하나님의 통치 안으로 들어가게 됩니다. 그는 야곱을 맞이할 때 군대를 이끌었지만 결국 그를 끌어안았습니다. 이는 하나님의 통치 아래에서 그의 마음이 녹았기 때문입니다. 사실상 야곱에게 임한 하나님의 통치가 에서에게까지 영향이 흘러간 것입니다. 이때 에서의 환경은 야곱의 환경과 같았으며 그에게 나타난 하나님의 통치는 야곱을 통해 드러난 것이었습니다. 이러한 통치는 인간의 힘으로 이루어지는 것이 아닙니다. 그리스도인들에게는 자신의 내면에서 생수가 흘러나오듯 자연스럽게 나타나는 통치가 필요합니다. 물론 에서가 경험한 하나님의 통치도 중요합니다. 그래서 신약 시대에는 교회로 모이라고 하신 것입니다. 교회라는 연합체 안에서 처음에는 에서가 받은 것과 같은 하나님의 통치를 경험하지만 점차 야곱이 누린 통치로 나아갈 수 있습니다. 성령의 시대에는 야곱과 같은 사람 곁에서 하나님의 통치를 경험하며 살아갈 때 결국 자신도 그 통치가 흘러나오는 존재로 변화될 수 있습니다.

에서를 만난 야곱은 가족들을 에서에게 소개합니다. 에서는 가족을 소개받은 후 곧 예물에 대해 야곱에게 묻습니다. 세상 사람들이 가장 관심을 두는 것이 재물이기 때문에 종들이 말한 예물이 무엇인지 질문한 것입니다. 이에 야곱은 예물을 받아달라고 요청합니다. 처음에 에서는 거절하지만, 야곱이 거듭 권하자 결국 이를 받습니다.

야곱은 하나님의 다스리심으로 인해 두려움이 사라졌지만, 그렇다고 해서 준비했던 예물을 거두지 않았습니다. 그는 주기로 했던 예물을 다시 자신이 가지지 않고, 에서에게 거듭 권하여 받게 합니다. 즉, 영적인 상황이 변했다고 해서 자신이 드리기로 한 예물을 철회하지 않은 것입니다. 야곱은 적극적으로 에서에게 예물을 건넸고, 이는 에서의 마음을 변하지 않게 하는 역할을 했습니다. 그가 예물을 받았다는 것은 곧 동생 야곱을 받아들였다는 의미이며, 이는 가나안 땅에서 야곱의 삶이 안전하게 보장되었음을 뜻합니다. 특히, 에서가 이끌고 온 400명의 군대는 이제 야곱을 세상으로부터 보호하는 역할을 하게 됩니다. 그가 야곱의 예물을 받았기 때문입니다.

하나님은 에서의 분노를 누그러뜨리셨고, 야곱은 예물을 통해 에서를 자기편으로 만들었습니다. 야곱이 강권하면서까지 예물을 준 것은 중간에 에서의 마음이 바뀌지 않도록 하기 위함이었으며, 결국 그를 돕는 자로 만들었습니다. 약속의 사람들은 본능적으로 이런 지혜로운 행동을 할 수 있는 존재들입니다. 에서의 감정이 누그러지고 상황이 달라졌다고 해서, 그에게 예물을 주겠다고 한 약속을 철회해서는 안 되는 것입니다.

　이제 야곱은 '이스라엘'이라는 새로운 이름을 지닌 사람으로서 하나님의 다스리심을 이루어 갑니다. 그런 자들은 재물에 마음을 빼앗기지 않습니다. 하나님의 통치로 인해 상황이 변했다고 해서 재물을 아까워하거나, 이전에 했던 약속을 번복하지 않습니다. 약속의 자녀들에게 재물은 하나님의 법을 따르면 자연스럽게 따라오는 것이기 때문입니다.

## 19. 세상 방식 vs 하나님 방식
### - 야곱이 선택한 길(창33:12-20)

에서는 20년 만에 만난 야곱에게 함께 세일로 가자고 제안했습니다. 그러나 야곱은 자식들과 양 떼, 소 새끼들 때문에 즉시 이동할 수 없었고, 천천히 세일로 가겠다고 답했습니다. 그러자 에서는 자신의 종들을 남겨 두겠다고 했지만, 야곱은 그것마저도 사양했습니다. 이는 야곱이 에서의 영향력이 미치는 상황에 들어가지 않겠다는 의사를 표현한 것입니다. 영적인 관점에서 보면, 에서는 세상의 통치를 받는 자였기 때문입니다. 하나님의 통치를 받는 야곱은 세상의 방식으로 살아가는 에서에게 예속되지 않았습니다. 에서는 하나님의 통치를 받는 자가 아니라 세상의 방식대로 살아가는 사람이었습니다. 따라서 그의 삶과 야곱의 삶은 완전히 달랐습니다. 세상의 통치를 받던 에서는 야곱을 만나는 순간 하나님의 통치 안으로 들어오게 되었습니다. 그래서 그는 400명의 장정을 이끌고 야곱을 찾아왔으나, 결국 야곱을 해치지 못했습니다. 그 순간 그는 하나님의 통치 안에 있었기 때문입니다. 하지만 야곱과 헤어진 후 다시 세상의 통치 아래 놓이게 되었습니다.

에서는 본래 세상의 통치를 받는 사람이었으므로 하나님의 통치가 펼쳐지는 곳에서도 그것을 인식하지 못한 채 하나님의 통치를 경험했습니다. 이는 그가 원래 하나님께 속한 자가 아니라 세상의 통치를 받는 자였기 때문입니다. 그러나 하나님은 세상 사람들을 통해서도 당신의 계획을 이루십니다. 예를 들어, 하나님은 이스라엘을 훈련시키기 위해 바벨론 제국의 느부갓네살을 사용하셨지만, 그는 단순한 도구였을 뿐 하나님의 뜻을 수

행하는 자는 아니었습니다. 그는 이스라엘에 속한 사람이 아니었기 때문입니다. 오늘날에도 성령 세례를 받지 않은 사람들조차 느부갓네살처럼 하나님의 역사에 동참할 수 있습니다. 하지만 그들의 역할은 단지 하나님의 도구로서 기능하는 것에 불과합니다.

하나님의 통치는 언제나 그의 말씀을 가진 사람들을 통해 이루어집니다. 야곱이 하나님의 통치를 경험한 것은 자신이 처한 상황에 맞는 하나님의 말씀을 받았기 때문입니다. 하나님께서는 그의 이름을 야곱에서 이스라엘로 바꾸실 것이라고 말씀하셨고, 야곱은 이 말씀을 받았으므로 그것이 그의 삶을 다스렸으며, 그의 가족도 함께 하나님의 통치를 받았습니다. 사사 시대에도 마찬가지였습니다. 이스라엘이 우상숭배로 인해 어려움에 처했을 때, 하나님의 말씀을 받은 영적 지도자, 즉 사사가 등장하여 이스라엘을 하나님의 통치 아래로 되돌림으로써 어려움을 극복할 수 있었습니다. 이와 같은 상황에서 이스라엘 백성들은 사사들을 통해 하나님의 통치를 받았습니다.

오늘날의 그리스도인들 또한 말씀을 가진 사람들을 통해 하나님의 통치를 경험합니다. 그리스도인이 하나님의 말씀을 가지면 먼저 자신이 하나님의 다스림을 받고, 그를 둘러싼 환경도 영향을 받게 됩니다. 따라서 그의 삶 속으로 들어온 사람들 역시 하나님의 통치를 경험하게 됩니다. 하나님은 요한계시록 2장에서 아시아에 있는 일곱 교회에 보내는 편지를 통해 지역 교회를 인정하시고, 교회의 목회자들을 통해 하나님의 통치가 이루어지고 있음을 알리십니다. 지역 교회의 목회자들은 하나님의 말씀을 듣고 이를 교회의 성도들에게 전달하는 역할을 합니다. 그러므로 지역 교회의 목회자들은 반드시 하나님의 말씀을 받아야 하며, 이를 통해 교회 성도들은 하나님의 통치를 받는 연합체가 될 수 있습니다.

지역 교회가 하나님의 통치를 경험하는 방식에는 몇 가지 원리가 있습니다. 첫째, 지역 교회의 목회자는 반드시 하나님의 말씀을 받고 이를 그대로 전달해야 합니다. 그는 교회의 현 상황을 고려하여 말씀을 구하고, 성령을 통해 이를 깨달아 성도들에게 전달해야 합니다. 그렇게 될 때, 목회자는 하나님의 말씀에 의해 다스림을 받고, 이를 통해 성도들 또한 하나님의 통치를 경험할 수 있는 환경이 조성됩니다. 둘째, 성도들이 목회자를 통해 선포된 하나님의 말씀을 깨닫지 못하면, 말씀을 통한 통치가 이루어지지 않습니다. 따라서 성도들은 목회자가 전하는 말씀을 올바르게 이해하는 것이 중요하며, 이는 하나님의 다스림이 자신에게도 미치는 길이 됩니다. 또한 성도들이 목회자의 가르침을 깨닫고, 더 나아가 새로운 말씀을 깨달을 때, 그것은 하나님이 주시는 새로운 인도하심이 될 수 있으며, 이를 통해 하나님의 통치가 더욱 분명하게 나타납니다. 그 결과, 그들은 자신이 속한 환경에서 하나님의 통치를 경험하게 됩니다.

한편, 일반 성도가 스스로 말씀을 묵상하며 하나님의 뜻을 깨닫게 된다면, 그의 삶에서도 하나님의 다스림이 이루어질 것입니다. 그는 자신의 배에서 생수의 강이 흘러나오는 것처럼 하나님의 말씀을 통해 생명의 삶이 솟아나고, 이를 주변에 전파할 수 있습니다. 결국 이러한 과정은 하나님의 통치가 일상의 삶 속에서 실현되도록 하며, 그는 평신도 목회자로서의 삶을 살아가게 될 것입니다.

야곱은 천천히 이동하여 가나안 땅에 도착한 후, 세겜 성읍 앞의 밭을 하몰의 아들들에게서 사들여 그곳에 장막을 쳤습니다. 그리고 그곳에 제단을 쌓고 이름을 "엘 엘로헤 이스라엘"이라 하였습니다. 이는 "하나님, 이스라엘의 하나님"이라는 의미로, 야곱이 머무는 곳마다 하나님의 통치가 이루어지는 이스라엘이 된다는 뜻을 담고 있습니다. 야곱이 제단을 쌓은 곳은 그가 정착하는 장소였으므로 이는 곧 그곳이 하나님의 다스림 아래 있는 이스라엘임을 의미합니다. 야곱은 얍복강 가에서 하나님으로부터 큰 축복을 받았습니다. 그가 이스라엘이라는 이름을 받은 것은 그가 머무는 모든 곳이 하나님의 나라가 된다는 뜻을 지니고 있습니다.

야곱은 20년 만에 가나안 땅으로 돌아왔습니다. 그러나 성경은 이삭과 리브가의 삶에 대해 자세히 다루지 않고, 오직 가나안 땅에 돌아온 야곱의 삶을 중심으로 이야기합니다. 이는 하나님의 기업이 이미 야곱에게 옮겨졌으며, 그를 통해 하나님의 역사가 진행되기 때문입니다. 따라서 야곱의 삶 자체가 하나님 나라의 역사이며, 오직 야곱, 즉 이스라엘을 통해 하나님의 구속의 역사가 이루어지는 것입니다. 야곱이 이스라엘이 되어 가나안 땅에 돌아온 것은 가나안 땅에 하나님의 나라가 세워진다는 중요한 의미를 지닙니다.

야곱의 귀환에는 깊은 영적 의미가 담겨 있습니다. 그는 아버지 이삭에게서 기업을 물려받는 축복을 받은 후, 형 에서를 피해 밧단아람으로 떠났습니다. 그 여정 중 벧엘에서 하늘의 사자들이 사닥다리를 타고 오르내리는 환상을 보았는데, 이는 야곱을 중심으로 하나님의 일이 이루어진다는 것을 예표하는 장면이었습니다. 또한, 야곱을 통해 하나님의 기업이 운영될 것임을 보여 줍니다. 하나님은 야곱에게 기름을 부으셨으며, 그를 통해 하나님의 기업을 이루겠다고 하셨습니다. 야곱은 밧단아람에서 네 명의 아내를 통해 열한 명의 아들과 한 명의 딸을 얻었고, 이후 가나안으로 돌아와 '이스라엘'이라는 이름을 받습니다. 이 이름은 야곱 개인에게만 해당하는 것이 아니라, 그에게서 나온 모든 자손에게 적용됩니다. 이제 야곱의 아들들은 모두 이스라엘의 일부가 되어 하나님의 통치를 받게 됩니다.

야곱과 그의 자손이 가는 곳마다 이스라엘 나라가 세워졌습니다. 첫 번째로 세겜 땅에서 이스라엘이 자리 잡았으며, 그곳은 세상의 어떤 나라로부터도 침범당하지 않는 특별한 나라였습니다. 이는 이스라엘이라는 이름 그대로 하나님과 사람과 겨루어 이긴 자들의 나라였기 때문입니다. 따라서 이스라엘 백성이 하나님의 축복을 구하고 그 뜻을 따라 살아간다면, 그들을 이길 수 있는 존재는 없습니다. 하나님의 통치가 물리적인 세상 속에서 이루어지는 독특한 나라가 세워진 것입니다. 이제 세상은 이 나라를 중심으로 움직이게 되었습니다.

야곱이 하나님의 기업을 받고 밧단아람을 거쳐 가나안 땅으로 돌아온 이야기는 거대한 영적 대하드라마와 같습니다. 한때 아무것도 아닌 연약한 사람이 하나님의 기업을 받고 혈혈단신으로 밧단아람에 가서 많은 자녀를 얻어 나라의 기초를 세웠습니다. 그는 얍복강 가에서 하나님과 씨름하며 세상의 두려움을 극복했고, 마침내 이스라엘이라는 이름을 받아 하나님의 나라를 세울 자격을 얻었습니다. 결국 그는 가나안 땅에 돌아와 하나님의 나라를 이루었습니다.

이러한 영적 대하드라마는 오늘날 성령을 받은 하나님의 자녀들이 걸어가는 길과도 유사합니다. 하지만 성령을 받았다고 해서 곧바로 하나님의 나라를 건설할 수 있는 것은 아닙니다. 먼저 밧단아람과 같은 곳에서 신앙의 기초를 다지고, 하나님과 씨름하며 말씀을 붙잡아야 합니다. 그래야 비로소 세상 속에서 하나님의 나라를 건설하는 삶을 살아갈 수 있습니다. 야곱의 이야기는 성령 시대를 살아가는 하나님의 자녀들이 어떻게 세상 속에서 참된 이스라엘을 이루어야 하는지를 보여 주는 영적 교과서라 할 수 있습니다.

이 이야기에서 가장 극적인 장면을 꼽는다면, 단연 야곱이 얍복강 가에서 하나님과 씨름하는 순간입니다. 그는 목숨을 걸고 하나님과 씨름한 끝에 마침내 '이스라엘'이라는 이름을 얻었습니다. 이는 오늘날의 그리스도인들에게 중요한 메시지를 전합니다. 즉, 하나님의 축복과 영적 권세를 얻기 위해서는 온 힘을 다해 하나님과 씨름해야 하며, 그렇게 얻어진 영적 힘을 바탕으로 세상 속에서 참된 이스라엘 나라를 세워야 한다는 것입니다.

5부

# 가정의 위기를 기회로 바꾸시는 하나님

## 20. 가족의 상처, 치유의 출발점이 되다
### - 부모의 눈물 속 하나님의 손길(창34:1-12)

야곱이 얍복 강가에서 하나님과 씨름하여 하늘의 축복을 받은 후 그의 이름이 이스라엘로 바뀌면서 가족 역시 하늘의 통치를 받는 이스라엘 나라가 되었습니다. 이스라엘은 사람이 하나님과 겨루어 이겼다는 의미를 지닌 영적 이름입니다. 하나님과 겨루어 이겼다는 것은 하나님의 축복, 즉 하늘의 말씀을 받아냈다는 뜻이며, 사람을 이겼다는 것은 야곱과 그의 일행이 말씀의 통치 속으로 들어갔음을 의미합니다. 따라서 야곱처럼 하늘의 말씀을 받아낸 자들은 말씀에 의한 통치를 받으며, 그 말씀의 다스림으로 세상을 이기는 자들이 됩니다. 다시 말해, 하늘의 말씀을 받아낸 자들은 이스라엘이라는 이름을 갖게 됩니다.

이스라엘이라는 이름을 받은 야곱과 함께하는 모든 존재는 하늘의 통치를 받으며, 그들이 정착하는 지역 또한 이스라엘 나라가 됩니다. 야곱이 이스라엘이라는 이름을 받은 후 그의 가족은 더 이상 야곱의 부족이 아니라 하나님의 통치가 이루어지는 이스라엘 나라로 변화되었습니다. 이스라엘 나라는 하나님이 통치하는 나라, 즉 하나님의 말씀이 다스리는 나라입니다. 따라서 야곱이 이스라엘이라는 이름을 받은 순간부터 그의 족속들은 모두 하나님의 나라에 속한 자들이 되었습니다. 반면, 이스마엘과 에서는 비록 아브라함과 이삭의 아들이었지만 하나님의 통치는 그들에게 이루어지지 않았습니다. 그러나 야곱의 아들들은 아버지 야곱이 이스라엘이라는 이름을 받은 후부터 모두 이스라엘의 통치 아래 놓이게 되었고, 결국 하나님의 나라 안에서 살아가게 되었습니다. 만약 에서가 이스라엘의 통치 속에 머물렀더라면 그 역시 하나님의 다스림을 계속 받을 수 있었을 것입니다.

야곱이 이스라엘이라는 이름을 받을 때까지 그의 삶은 순탄하지 않았습니다. 그는 아버지 이삭으로부터 하나님의 기업을 물려받은 후 홀로 지내야 했습니다. 형 에서의 분노를 피해 밧단아람으로 도망가던 중 벧엘에서 하나님을 만났고, 그곳에서 자신이 하늘과 연결되어 있음을 깨달았습니다. 그의 머리 위에 하늘까지 이어진 사닥다리가 놓여 있었고, 하나님의 사자들이 그 위를 오르내리는 것을 보았는데, 이는 야곱이 하늘의 보호 아래 놓였음을 상징하는 것이었습니다.

그 자리에서 야곱은 하나님께서 밧단아람으로 가는 길을 지켜 주시고 다시 아버지의 집으로 돌아오게 해 주신다면 소산의 십일조를 바치겠다고 서원했습니다. 이후 그는 밧단아람에서 14년간 아내를 얻기 위해 종살이를 했고, 또 6년 동안 가족의 재산을 위해 헌신했습니다. 힘든 세월을 보냈지만 결국 그는 큰 부를 이루었습니다. 그러던 어느 날, 하나님은 그에게 가나안 땅으로 돌아가라는 명령을 내리셨고, 그 말씀을 따라 귀향하던 중 에서의 400인 군대를 만나게 되었습니다. 그 순간 야곱은 밧단아람에서 하나님으로부터 받은 것이 너무 많아 지켜야 할 것이 많았습니다. 하나님이 은혜로 주신 아내들, 자녀들, 종들, 가축들까지 그에게 맡겨진 것들이 많았지만, 그는 얍복 강가에서 모든 것을 뒤로하고 처음 밧단아람으로 떠났을 때처럼 홀로 남았습니다. 그때 하나님이 나타나시자 야곱은 그분을 붙잡고 하늘의 축복을 구했습니다. 그는 하나님께 축복해 주시지 않으면 결코 놓지 않겠다고 간청하며 밤새 씨름했습니다. 결국 환도뼈가 부러지는 고통을 겪었지만 하나님의 축복을 받아냈습니다.

야곱이 받은 축복은 곧 하나님의 말씀이 그와 그의 가족을 다스린다는 것이었습니다. 그래서 그는 이스라엘이라는 이름을 받게 되었습니다. 이제 야곱의 가족은 더 이상 야곱이 통치하는 것이 아니라 하나님께서 다스리는 이스라엘이 되었습니다. 즉, 야곱이 받은 하나님의 축복, 곧 말씀이 그들을 다스리게 된 것입니다. 야곱은 사라지고 이스라엘이 나타난 것입니다.

오늘날 그리스도인의 삶도 이와 다르지 않습니다. 예수를 믿고 물과 성령으로 거듭나면 하늘과 연결된 사닥다리가 놓여 여러 가지 하늘의 축복을 받아 살아가게 됩니다. 야곱이 밧단아람에서 아롱지고 얼룩얼룩한 양과 염소를 받은 것처럼 세상에서도 육적인 축복을 경험할 수 있습니다. 그러나 야곱이 에서의 400인 군대를 만났을 때 하나님은 그 모든 것을 내려놓고 하늘의 것을 구하라고 말씀하셨습니다.

야곱은 하나님과 씨름하여 하늘의 축복을 받아냈고, 그것이 바로 이스라엘이라는 이름이었습니다. 이는 이제부터 야곱의 가족을 야곱이 아닌 하나님께서 직접 통치하신다는 뜻입니다. 오늘날 그리스도인들도 하나님과 씨름하며 말씀을 받아야 하는 이유가 여기에 있습니다. 우리가 말씀을 붙들고 살아갈 때 하늘의 통치가 이루어지며, 에서의 400인 군대와 같은 두려움을 이기고 하늘이 주시는 평안을 누릴 수 있습니다.

이제 야곱은 이스라엘이 되어 가나안 땅으로 들어가 세겜 땅에 정착하였습니다. 그런데 그곳에서 한 사건이 벌어집니다. 야곱의 딸 디나가 가나안 사람 세겜에게 강간당한 것입니다. 하나님이 세우신 이스라엘 나라는 세상 한복판에 존재하기 때문에 늘 세상의 사건에 휘말릴 수밖에 없습니다. 이스라엘 백성이 하나님의 통치를 받지만, 그들도 세상 사람들과 같은 성정을 지니고 있기 때문입니다. 이 사건은 하나님 나라에 충격을 준 일이라 할 수 있으며, 동시에 가나안(세상) 족속이 하나님의 나라 이스라엘을 자신들의 육적인 나라와 섞고자 제안한 일이기도 합니다. 디나를 강간한 세겜의 아버지 하몰은 야곱에게 서로 통혼하자고 제안하였습니다. 이는 마치 옛 네피림 시대, 즉 세상과 하나님의 아들들이 섞이던 때를 떠올리게 합니다.

세상은 언제나 하나님 나라에 속한 자들의 육적인 속성을 이용해 함께 하자고 유혹합니다. 하나님은 세상 사람들이 하나님 나라에 들어와 살아가는 것은 환영하시지만, 세상이 하나님 나라에 충격을 주거나 영향을 미치려 하는 것은 용납하지 않으십니다. 이후 미디안의 점쟁이 발람의 일을 극도로 싫어하셨는데, 이는 발람이 발락에게 이스라엘 백성을 타락시키는 방법을 알려 주었기 때문입니다. 결국, 발람은 그 일로 인해 죽임을 당하였습니다.

이스라엘의 역사를 보면, 하나님은 이방 여인이나 이방인이 이스라엘 나라에 들어와 하나님의 말씀을 따라 사는 것은 기쁘게 여기셨습니다. 그러나 이방인들이 이스라엘 나라에 들어옴으로써 이스라엘이 세상의 영향을 받는 것은 극히 싫어하셨습니다. 이스라엘 나라는 하나님의 말씀으로 통치받는 나라이지, 사람의 생각으로 다스려지는 나라가 아니기 때문입니다. 그러므로 하나님은 이 시대 그리스도인들이 육적인 생각, 즉 세상적 사고방식으로 살아가는 것을 원하지 않으시며, 오직 하나님의 말씀에 따라 살아가기를 바라십니다. 하나님의 말씀을 붙드는 것은 마치 야곱이 얍복 강가에서 씨름하듯 간절하게 붙잡아야 하는 것입니다. 천국은 침노하는 자가 차지한다고 하신 말씀의 의미도 바로 여기에 있습니다.

이스라엘 나라의 아름다움은 세상의 아름다움과 다릅니다. 세상의 아름다움은 인간의 지혜로 만들어진 것이지만, 하나님 나라의 아름다움은 하늘로부터 내려오는 것입니다. 하나님의 통치를 받는 이스라엘 백성들에게 나타나는 아름다움은 세상과 비교할 수 없는 하늘의 아름다움입니다. 이는 세상에 물리적으로 드러날 때, 세상 사람들까지도 매료시키는 특별한 아름다움입니다. 그러나 세상은 그 아름다움이 어디에서 비롯되었는지 알지 못한 채, 육적인 방법으로 얻으려 합니다. 하늘의 세계를 모르기 때문에 불가능한 방식으로 그것을 취하려는 것입니다.

오늘날 그리스도인이라 불리는 사람들 중에도 이러한 영적 아름다움을 육적인 방법으로 얻으려 하는 이들이 많습니다. 이는 오직 이스라엘의 이름을 가진 자들에게 말씀의 열매로 나타나는 아름다움임에도 불구하고, 자신의 방식대로 취하려 애쓰는 모습에서 드러납니다. 많은 그리스도인이 기도만 하면 이를 얻을 수 있다고 생각하지만, 이스라엘의 아름다움은 기도가 아니라 하나님의 말씀에 의한 통치를 통해 누리는 것입니다. 물론 기도도 필요하지만, 이때의 기도는 야곱이 씨름하듯 처절하게 말씀을 구하는 기도여야 합니다.

이스라엘의 아름다움은 소유하는 것이 아니라 누리는 것입니다. 그러나 육적인 사람들은 그 아름다움을 취해 소유하려 합니다. 이는 마귀의 전형적인 속성이기도 합니다. 그 아름다움이 내 것이 된 듯 느껴질 때조차, 그것은 소유하는 것이 아니라 감사함으로 누리는 것입니다. 세상에서 우리는 아무것도 온전히 소유할 수 없습니다. 소유권을 주장하는 것은 여전히 마귀의 속성을 벗어나지 못한 자의 행위입니다.

세상은 이스라엘에게 함께 섞이자며 처절하게 애원합니다. 세겜 왕이 소녀 디나만 넘겨주면 원하는 것은 무엇이든 다 주겠다고 하면서 간청하는데, 이것이 세상이 하나님의 나라 이스라엘을 유혹하는 방식입니다. 그들은 이스라엘의 아름다움을 차지하기 위해 가진 모든 것을 내놓으며 애원합니다.

오늘날 세상도 그리스도인들의 아름다움을 탐내며 간청하고, 결국 그들을 타락시키려 합니다. 반대로 세상의 육적인 아름다움을 이용해 그리스도인들을 유혹하기도 합니다. 이처럼 그들은 끊임없이 세상과 이스라엘을 뒤섞으려 합니다. 중세 로마 교황청이 바로 그런 혼합의 시대를 대표하는 대표적 실례입니다. 그러나 우리는 착각해서는 안 됩니다. 세상과 섞이면 그곳은 더 이상 하나님의 통치가 이루어지는 곳이 아니라, 단순한 세상 바벨론 제국입니다.

## 21. 분노에 갇힌 선택

### - 복수가 남긴 상처(창34:13-23)

하나님의 통치를 받은 이스라엘의 아들들은 세겜과 하몰을 속여 보복할 계획을 세웁니다. 이는 이스라엘 백성의 전형적인 육적 모습입니다. 하나님의 통치를 받는다고 해서 모두가 하나님처럼 완전하게 행동하는 것은 아닙니다. 하나님께서 다스리시지만, 결국 사람은 사람입니다. 그들은 세겜 사람들과 다를 바 없는 성품을 지니고 있습니다. 그러나 하나님은 그런 자들과 함께 이스라엘을 세우시고, 그 나라를 통해 메시아를 보내실 계획을 세우셨습니다. 그들은 하나님이 이스라엘 백성에게 주신 할례, 즉 하나님과 이스라엘 사이의 언약을 이용해 원수를 갚으려 했습니다. 이는 오늘날 그리스도인들이 하나님을 이용하여 자신의 육적 목적을 달성하려는 모습과 다를 바 없습니다.

하나님께서 이스라엘 나라를 세우신 것은 그 나라를 통해 하나님의 계획을 이루시기 위함이지, 사람들이 하나님을 이용하도록 하기 위함이 아닙니다. 하나님은 분명한 영적 목적을 두고 야곱을 통해 이 나라를 세우셨으며, 친히 통치하셨습니다. 그러나 나라가 세워지자마자 백성들은 자신들의 목적을 이루기 위해 하나님을 이용하였습니다. 원수를 갚는 데 하나님이 주신 할례를 사용한 것입니다.

오늘날에도 많은 그리스도인이 하나님을 이용하여 자신의 목적을 달성하려 합니다. 그럼에도 하나님은 단지 그들을 선택하셨다는 이유로 그들과 함께 하나님의 역사를 이루어 가십니다. 아무리 부족한 자라도 하나님께서 선택하셨다면, 그들을 통해 구속의 역사를 진행하십시오. 이는 하나님께서 이스라엘 백성을 통해 하나님의 계획을 이루시기로 약속하셨기 때문입니다.

야곱이 '이스라엘'이라는 이름을 받은 순간부터 이스라엘이 시작되었습니다. 그 후 그의 아들들은 모두 하나님의 통치를 받는 자들이 됩니다. 이는 그들 또한 이스라엘처럼 하나님의 기업을 물려받았다는 뜻입니다. 이제 이스라엘의 아들들은 각자의 삶에 따라 미래가 결정됩니다. 세상 사람들은 죄의 종이 되어 살아가므로 결국 심판을 받습니다. 그러나 이스라엘 백성은 세상에서 하나님의 기업을 맡은 자들이므로, 그들의 오늘의 삶이 내일을 결정짓게 됩니다. 이스라엘 백성은 하늘의 삶을 살아가야 합니다. 하늘에서의 삶은 현재와 미래가 연결되며 영원히 사라지지 않는 삶입니다. 따라서 이스라엘의 아들들이 세상 사람들과 같은 방식으로 살아간다면, 즉시 회개하고 돌아와야 합니다.

이스라엘의 아들들 가운데 시므온과 레위는 할례를 이용해 세겜 사람들에게 보복할 계획을 세우고 실행하였습니다. 이 일로 인해 시므온과 레위의 이스라엘에서의 삶이 달라졌습니다. 그들은 하나님의 구속 역사에서 맡은 역할이 크게 변하게 됩니다. 시므온 지파는 모세의 출애굽 때 바알 브올 사건에 가담해 인구의 절반 이상이 사라졌고, 결국 유다 지파에 흡수되어 흩어졌습니다. 레위 지파는 땅을 기업으로 받지 못하고 열두 지파에 흩어져 살아야 했습니다. 이는 이스라엘의 아들들의 행동이 단순히 개인의 미래뿐만 아니라 후손의 삶에도 영향을 미친다는 사실을 보여 줍니다.

이스라엘은 하나님의 통치를 받는 나라입니다. 그러나 그 나라의 백성이 육적인 혈기를 따라 살아가면 하나님께서 맡기시는 역할이 달라질 수 있습니다. 하나님은 세상에서 선택한 자들을 통해 역사를 이루어 가십니다. 즉 모든 것이 하나님의 뜻대로 진행됩니다. 그러나 혈기를 가진 자들을 통해서는 구속의 역사를 이루어 갈 수 없으므로 그들에게 중심적 역할을 맡기지 않으십니다. 결국 이스라엘 역사에서 시므온은 유다 지파에서 더부살이하는 지파가 되고 레위 지파는 흩어져 살게 됩니다. 이후 에브라임 지파와 단 지파도 그렇게 됩니다. 에브라임 지파는 우상숭배로 인해 축복이 유다 지파로 넘어갔고, 단 지파는 기업을 지키지 못한 채 가나안 최북단으로 흩어졌으며, 결국 요한계시록에 등장하는 144,000명 명단에서 제외됩니다.

하나님의 나라에서는 그 나라에 속한 사람의 현재 행위가 미래를 좌우합니다. 구약 시대에는 한 사람의 행위가 후손에게까지 영향을 미쳤으나, 성령의 시대에는 다릅니다. 이 시대의 이스라엘 백성은 물과 성령으로 거듭난 자들이므로 그들의 후손은 혈통이 아니라 영적 후손입니다. 육적인 혈통은 성령 세례를 받음으로써 모두 십자가에서 죽습니다. 성령의 시대에 이스라엘 백성의 삶은 세상의 미래뿐 아니라, 부활 이후 거룩한 성 예루살렘에서의 삶까지 결정합니다. 그러므로 그리스도인의 현재 삶은 매우 중요합니다. 하나님의 말씀을 듣고 따르는 삶을 살면, 내일 더 깊은 말씀을 깨닫고 생명을 구원하는 삶을 살아갈 수 있습니다.

그리스도인의 삶은 영원히 보존되며, 부활 후 참 예루살렘에서의 삶을 결정짓습니다. 오늘 하루의 삶은 곧 천국에서의 삶과 연결됩니다. 이에 대해 사도 바울은 "현재의 고난은 장차 우리에게 나타날 영광과 비교할 수 없도다"(롬 8:18)라고 말했습니다. 바울은 그리스도인들이 상을 받을 수 있도록 달음박질하라고 했으며, 자신의 몸을 쳐 복종시킨 이유는 남에게 전파한 후 도리어 자신이 버림받을까 두려웠기 때문이라고 했습니다.

그러나 이스라엘의 아들들이 아무리 부족하고 연약하다 해도 하나님은 여전히 그들을 통해 구속의 역사를 이루십니다. 하나님은 언제나 선택된 자들에게 말씀을 주시고, 그 말씀에 순종하는 자들을 통해 역사를 이루십니다. 세상에서 아무리 지혜롭고 능력 있는 자라 해도, 그들을 통해 하나님의 구속 역사를 진행하시지는 않습니다. 하나님은 때때로 이방 민족을 사용하여 이스라엘을 징계하실 수 있지만, 그들을 통해 구속 역사를 이루시지는 않습니다. 또한, 아무리 이스라엘의 아들들이 잘못을 저질렀다 해도 하나님께서 직접 징계하실 뿐, 세상 사람들이 그들을 심판하도록 하시지는 않습니다. 이는 이스라엘이 하나님의 기업이며, 하나님께서 하신 약속 때문입니다.

오늘날의 그리스도인들도 마찬가지입니다. 아무리 재능이 부족해도 하나님은 성령 세례를 받은 자들을 통해 역사하십니다. 세상의 지혜로운 자들을 통해 하나님의 역사를 이루지 않으시고, 오직 하나님의 자녀들을 통해 진행하십니다. 비록 그들의 변화가 더디고, 성품이 급하거나 연약하고, 재물에 약한 모습이 있다 하더라도, 하나님은 오랜 기간 훈련시키신 후 결국 그들을 통해 구속의 역사를 이루어 가십니다.

세겜 사람들은 자기 나름의 계산을 하고 있습니다. 그들이 할례를 받아 이스라엘과 하나가 되면 이스라엘이 가진 모든 짐승이 자신들의 소유가 될 것이라 생각했습니다. 세상의 사람들은 언제나 재물에 묶여 있으며, 의사 결정을 할 때도 재물이 중심이 됩니다. 여기서도 마찬가지로 이스라엘과 합하면 야곱이 밧단아람에서 가져온 엄청난 재산을 자기 것으로 만들 수 있다고 생각합니다. 세상 사람들의 단순한 계산법입니다. 오늘날에도 사람들의 생각은 다르지 않습니다. 재물이 있는 곳에 마음이 가므로 이를 바탕으로 세상 흐름을 읽을 수 있습니다.

그리스도인들도 육적인 욕망에서 벗어나지 못하면 재물에 얽매이게 됩니다. 마귀는 바로 이런 인간의 속성을 시험합니다. 우리를 재물에서 자유롭게 하기 위해 예수 그리스도께서는 하늘에 재물을 쌓으라고 말씀하셨습니다. 그렇게 하면 마음이 하늘을 향할 것이라 하셨습니다. 여기서 재물을 하늘에 쌓는다는 것은 구제와 복음 전파를 위해 재물을 사용하는 것을 의미합니다. 그리스도인이 가진 재물은 자신의 소유의 대상이 아니라 단지 누릴 대상입니다. 결국 이를 깨닫지 못한 세겜 사람들은 재물의 유혹에 빠져 모두 목숨을 잃게 됩니다.

## 22. 실수가 남긴 깨달음
   - 가정에서 시작된 회복(창34:24-31)

야곱의 아들들에게 할례를 시행하라는 말을 들은 하몰과 세겜은 야곱의 재산이 결국 자기들의 소유가 될 것을 기대하며 성문을 출입하는 모든 자에게 할례를 받도록 했습니다. 할례를 요구한 자나 이를 받아들인 자 모두 서로 다른 의도를 품고 있었습니다. 이는 육신을 가진 자들의 전형적인 삶의 방식입니다. 야곱의 아들들이 하나님의 통치를 받는 이스라엘에 속한 자들이라 해도 그들 또한 육신을 가지고 있었습니다. 하나님은 이러한 육체를 가진 자들을 부르셔서 그들을 통해 구속의 역사를 이루셨습니다. 사람은 육체를 가지고 있으므로 본능적으로 육체의 삶을 삽니다. 따라서 하나님의 통치를 받는 이스라엘 백성이라 해도 그들은 오히려 할례를 이용해 자신의 목적을 이루려 했습니다.

야곱의 아들 시므온과 레위는 자신들이 계획한 살인을 실행에 옮깁니다. 그들은 복수를 결심하고 할례를 이용해 세겜의 남자들을 모두 죽였습니다. 사람이 무엇을 생각하는 것과 그것을 실제로 실행하는 것 사이에는 큰 차이가 있습니다. 즉, 살인을 단순히 머릿속에서 떠올리는 것과 실제로 실행하는 것은 전혀 다른 문제입니다. 아담의 범죄 이후, 인간이 악을 실행하면 육체는 죄에 대한 형벌을 받게 됩니다. 그 결과 악한 행위를 지속하면 악에게 지배를 당하여 결국 악의 종이 됩니다. 마귀가 하는 일이 바로 이러한 방식입니다. 그는 범죄한 자들에게 죄의 속성을 심어 현실에서 범죄를 실행하도록 만들고, 이를 통해 계속해서 악을 행하게 합니다. 이것이 마귀가 세상을 조종하는 방법입니다. 따라서 악을 단순히 생각하는 것과 실제로 실행하는 것에는 결정적인 차이가 있습니다. 악을 실행하면 그 것을 주관하는 악한 영에게 묶이게 되고, 결국 그의 뜻에 따라 육체가 행동하게 됩니다. 사람들은 자신이 마귀의 일을 하고 있는지도 모른 채 악을 행하게 되는 것입니다. 이것이 마귀가 세상에서 사람들을 속이며 활동하는 방식입니다.

하나님의 통치를 받는 자들도 육체를 가지고 있으므로 육체의 일을 하게 됩니다. 육체의 욕망을 따르지 않을 수 없는 존재입니다. 그러나 이스라엘의 아들들은 선택된 자들이므로 하나님은 그들을 통해 자신의 역사를 이루십니다. 그렇다고 해서 이스라엘에 속한 자들이 반드시 하나님처럼 선한 존재가 되는 것은 아닙니다. 그들도 세상 사람들과 같은 행동을 할 수 있습니다. 하지만 그들이 세상과 같은 행동을 하더라도 하나님은 그들을 통해 당신의 역사를 이루십니다. 이것이 바로 그들에게 주어진 하나님의 축복입니다.

그러나 시므온과 레위가 저지른 일은 그들의 후손들에게까지 영향을 미쳤습니다. 이 일로 인해 레위 지파는 땅을 기업으로 받지 못하고 흩어져 살아야 했으며, 시므온 지파는 유다 지파 안에서 더부살이를 하게 되었습니다. 그들이 육체의 욕망을 따라 행한 일은 사라지지 않고, 하나님이 그들에게 맡기신 사명에 영향을 미쳤습니다. 육체의 욕망을 따라 행한 행동은 후손들이 구속의 역사에 참여하는 데 걸림돌이 될 수도 있습니다. 단 지파는 그들의 행위로 인해 요한계시록에서 이름이 지워졌고, 에브라임 지파는 우상숭배로 인해 왕권을 유다 지파에게 넘겨주었습니다. 결국, 육체를 가진 자들이 마귀의 속성을 드러내는 방식에 따라 하나님의 나라에서 구속의 역사에 동참하는 삶이 달라질 수 있습니다.

얍복강 가에서 하나님과 씨름하여 이스라엘이라는 이름을 받은 야곱은 에서에 대한 두려움을 이겨 내고 가나안 땅으로 돌아왔습니다. 그러나 오래지 않아 그의 아들들로 인해 또 다른 두려움이 찾아왔습니다. 야곱이 이스라엘이 되었지만 여전히 두려움이 생길 수 있다는 사실을 보여 줍니다. 육신을 가진 자들은 두려움에서 완전히 해방될 수 없다는 의미입니다. 야곱의 집은 이스라엘의 집, 곧 하나님의 집안이지만 멸망할 수도 있다는 생각에 두려움을 느꼈습니다. 이처럼 이스라엘 백성들도 한 가지 두려움을 극복한 후 또 다른 두려움과 마주할 수 있습니다. 그렇다면 새로운 두려움은 어떻게 이겨 낼 수 있을까요? 역시 하나님을 통해서입니다. 그러므로 육체를 가진 이스라엘 백성들은 한 번만 하나님을 의지하는 것이 아니라, 끊임없이 하나님을 신뢰하여야 지속적으로 다가오는 두려움을 극복할 수 있을 것입니다.

오늘날의 그리스도인들은 구약 시대의 이스라엘 백성과는 조금 다른 속성을 가집니다. 성령께서 그들의 육체 안에 들어오셔서 함께 거하시기 때문입니다. 그리하여 그들 안에는 하늘 성전이 이루어집니다. 또한 구약 시대의 이스라엘 백성과 달리 성령 시대의 그리스도인들은 육체의 일이 자손들에게 대물림되지 않습니다. 이는 예수 그리스도께서 십자가에서 죽으심으로써 그들의 모든 육체적 속성이 소멸되었기 때문입니다. 그러나 개인적으로는 육체에 남아 있는 옛 본성이 기억되어 있어 반복될 가능성이 있습니다. 그래서 그리스도인들이 옛 본성을 잊고 새로운 삶을 살기 위해서는 광야와 고난의 삶이 필요합니다. 하나님은 그들이 하나님의 사명을 잘 감당할 수 있도록 광야와 고난의 과정을 통과하게 하십니다.

사람이 예수 그리스도를 믿으면 그의 영이 새롭게 태어나며, 동시에 과거의 악한 행실들은 십자가에 못 박혀 소멸됩니다. 따라서 과거의 죄가 그를 지배할 수 없습니다. 그리스도를 믿기 전에는 죄에 의해 삶이 좌우되었지만, 거듭난 이후에는 죄에서 해방됩니다. 그러므로 과거의 삶이 새롭게 거듭난 삶을 지배할 수 없습니다. 다만 그리스도인들이 반드시 인식해야 할 것은, 육체에 남아 있는 옛 본성의 흔적이 여전히 존재한다는 사실입니다. 하나님은 물과 성령으로 거듭난 자들과 함께 하나님의 뜻을 이루어 가십니다. 그들은 여전히 옛사람이 사용하던 육체를 지니고 있으며, 그 속에는 옛 본성이 남아 있습니다. 그러나 하나님은 그들을 통해 하나님의 계획을 이루십니다.

육체에 남겨진 옛 본성은 마귀의 속성과 연결된 요소입니다. 거듭나기 전까지 그리스도인의 육체는 마귀의 뜻을 이루던 도구였지만, 거듭난 후에는 하나님을 따르는 삶으로 변화됩니다. 그러나 중심이 하나님께로 향했더라도 육체는 여전히 과거의 습성을 지니고 있습니다. 그래서 하나님은 '소멸하는 불'(히 12:29)을 보내셔서 그 육체에 남아 있는 마귀의 속성을 제거하십니다.

성령께서 그리스도인 안에 임하셔서 하시는 일은 바로 육체에 남겨진 마귀의 속성을 소멸하는 것입니다. 귀신들에게 가장 두려운 것이 무엇인지 묻는다면, 하나님의 소멸하는 불이라고 답할 것입니다. 이 불은 그리스도인들에게는 생명이지만, 귀신들에게는 심판이 됩니다. 성령께서는 그리스도인들 안에서 소멸하는 불을 점화시키십니다. 오순절 성령 강림 사건에서도 성령 세례를 받을 때 불의 혀처럼 갈라지는 것들이 사람들 위에 임한 것이 보였습니다. 이처럼 성령께서는 각 사람 안에 임하여 소멸하는 불을 붙이시는 역할을 하십니다.

그렇다면 실제로 이 소멸하는 불은 무엇일까요? 예수 그리스도께서는 "내가 불을 땅에 던지러 왔노니 이 불이 이미 붙었으면 무엇을 원하리요"(눅 12:49)라고 말씀하셨습니다. 또한 그분이 던지신 불로 인해 세상에는 분쟁이 일어날 것이라 하셨습니다. 이는 세상 속에 숨겨진 마귀의 정체가 그 불로 인해 드러나기 때문입니다. 이 불은 곧 하나님의 말씀입니다. 예수 그리스도께서 세상에 하나님의 말씀을 던지셨다면, 성령께서는 그 말씀이 사람들에게 깨달아지도록 하시며 그들 안에서 불을 점화시키십니다. 예수 그리스도를 믿는 것은 곧 그분의 말씀을 성령을 통해 깨닫는 것입니다. 말씀이 깨달아질 때, 그 안에서 소멸하는 불이 작동하여 육체까지 영향을 미치고, 육체에 남아 있는 옛 본성을 제거합니다. 그러므로 그리스도인들의 본분은 말씀을 깨닫고, 그 말씀을 실천하는 것입니다. 이를 실천할 때 육체에도 선한 영향이 남겨지며, 그 선이 쌓이면 더 큰 선을 이루게 됩니다.

그리스도인들은 산 제물입니다. 각 성전에서는 하늘 성전이 가동되며, 번제단에는 소멸하는 불이 타오릅니다. 이 불은 그리스도인들에게는 생명이 되지만, 마귀와 그를 따르는 귀신들에게는 심판의 불이 됩니다. 그러므로 마귀는 이 불이 사람들 안에서 작동하는 것을 어떻게든 막으려 합니다. 그러므로 그리스도인들은 이 소멸하는 불이 자신 안에서 역사하여 밖으로 흘러나가도록 해야 합니다. 소멸하는 불을 작동시키는 방법은 성경을 읽고 묵상하는 것입니다. 이를 지속하기 위해 하나님은 성도들이 교회에 모이도록 하셨습니다. 사람들은 육체를 가지고 있기 때문에 스스로 성경을 펼치기 어려울 수 있습니다. 그래서 함께 모여 성경을 읽고, 깨달은 바를 나누며, 기도하도록 모이라고 하셨습니다.

그리스도인들도 육체를 지니고 있는 만큼, 이스라엘이라는 이름을 가진 야곱처럼 두려움이 찾아올 수 있습니다. 이렇게 순간순간 다가오는 육적인 두려움은 내면에서 타오르는 소멸하는 불을 작동시키면 사라집니다. 비록 육체를 가진 그리스도인들이 옛 본성에서 비롯된 두려움을 느낄 수 있지만, 그 허상과 같은 두려움은 소멸하는 불로 인해 사라집니다. 또한, 그 두려움의 배후에서 활동하는 마귀의 세력, 즉 귀신들도 하나님의 불로 인해 멸망할 것입니다.

## 23. 다시 하나님께로
### - 벧엘 회복의 은혜(창35:1-8)

  야곱이 가나안 땅에 온 지 얼마 지나지 않아 세겜에서 딸 디나의 일을 겪은 후 가나안 땅의 부족들에 대한 두려움이 찾아왔습니다. 하나님과 씨름하여 이스라엘이라는 이름을 받고 에서의 400명 군대에 대한 두려움을 물리친 후 또 새로운 두려움이 닥쳐온 것입니다. 이는 세상이 육체를 가진 자들을 끊임없이 두려움으로 공격한다는 사실을 보여 줍니다. 육체를 가진 자들이 살아가는 환경은 그들을 계속해서 압박하며 결코 평탄한 삶을 보장하지 않습니다. 특히 하나님의 기업을 받은 자들에게는 환경이 주는 두려움이 더욱더 시시때때로 밀려옵니다. 그러므로 하나님의 기업을 받은 자들은 늘 깨어 있어야 합니다. 하나님의 사람들은 한번 말씀을 받으면 영적 두려움에서는 해방되지만, 육적인 두려움에서는 완전히 벗어날 수 없습니다. 따라서 육체를 가진 하나님의 사람들은 계속해서 새로운 말씀을 받으며 살아가야 합니다.

  야곱에게 새로운 두려움이 찾아오자 얍복강 가에서처럼 하나님이 다시 찾아오십니다. 야곱이 하나님의 기업을 가졌으므로 그에게 두려움이 닥칠 때 하나님이 먼저 오시는 것입니다. 이때 하나님은 야곱에게 벧엘로 올라가 제단을 쌓으라고 말씀하십니다. 그곳에서 하나님은 야곱, 즉 이스라엘과 그의 가족과 함께하시겠다는 뜻입니다. 벧엘은 야곱이 에서에게서 도망칠 때 하나님을 만났던 장소입니다. 그가 환난의 날에 하나님께 응답받았고, 하나님이 그의 길을 동행하시겠다고 약속하셨던 곳이기도 합니다. 따라서 벧엘은 야곱에게 곧 하늘의 문이자 하나님의 집이었습니다. 이는 이스라엘의 모든 가족에게도 마찬가지로 하늘로 들어가는 문이며 하나님의 집을 의미합니다. 하나님은 바로 제단을 쌓은 그곳에서 야곱과 함께하시겠다는 것입니다. 하나님의 이 말씀으로 인해 야곱이 세겜에서 느꼈던 두려움도 완전히 사라졌습니다. 현실적으로도 하나님이 그 지역의 여러 성읍을 크게 두렵게 하셨으므로 아무도 야곱의 가족을 추격하지 못했습니다.

이제 이스라엘의 가족들은 벧엘에 정착하게 됩니다. 어디를 가든지 이스라엘 가족이 머무는 곳은 하나님이 함께하시는 장소입니다. 하나님이 제단을 쌓으라고 하신 것은 그곳에서 이스라엘 가족과 교제하시겠다는 뜻입니다. 벧엘이 곧 영적 하늘로 들어가는 문이며 하나님을 만날 수 있는 장소이기 때문입니다. 이스라엘의 아들들도 하나님의 기업을 이어갈 자들로 벧엘에 서서 하늘의 뜻을 따라야 합니다. 그들이 세겜에서처럼 세상의 방식으로 살아가는 것이 아니라 하늘의 원리를 따르는 자들이 되기를 바라셨습니다. 따라서 벧엘은 이스라엘의 아들들이 하늘의 뜻을 배우고 따르도록 훈련하는 교육의 장소와 같습니다.

야곱은 자기 집안 사람들에게 이방 신상들을 버리고 자신을 정결하게 하라고 명했습니다. 그러자 그들은 모든 이방 신상과 귀고리를 야곱에게 주었고, 야곱은 그것들을 세겜 근처 상수리나무 아래에 묻었습니다. 이는 세상의 모든 것을 내려놓고 하나님과 함께 살겠다는 뜻입니다. 세상에서 자신들을 보호해 준다고 여겼던 이방 신상과 여러 장신구를 버리는 것은 세상을 의지하는 삶을 내려놓고 하나님을 따르겠다는 결단과 같습니다. 이는 물세례와 같은 의미를 지니며, 세겜에서의 삶을 청산하는 새로운 출발을 의미합니다. 베델에서 이스라엘은 하나님의 제단을 쌓고 하나님 중심의 삶을 살겠다는 다짐을 하였습니다. 그곳에서 하나님을 중심으로 사는 자들에게는 하늘의 문이 열립니다. 왜냐하면 벧엘은 곧 하늘로 들어가는 문이 있는 장소이기 때문입니다. 하나님은 이 사실을 야곱의 자손들에게 알리기 위해 그곳으로 가라고 명하셨습니다.

이 시대의 그리스도인들도 이러한 과정을 거쳐 예수 그리스도께 인도되었습니다. 예수 그리스도께서 그리스도인들에게 바라시는 것은 세상적인 것을 버리고 하늘의 시선을 잃지 않는 삶을 살아가는 것입니다. 그래서 하나님은 그의 자녀들에게 늘 깨어 있으라고 말씀하셨습니다. 예수 그리스도께서 길을 가시던 중 날 때부터 맹인이 된 사람을 보셨을 때(요 9:1), 제자들은 그가 누구의 죄로 인해 맹인이 되었는지 물었습니다. 이에 예수 그리스도께서는 누구의 죄 때문도 아니며, 오직 그를 통해 하나님께서 하시는 일이 나타나게 하려는 것이라고 대답하셨습니다. 그리고 "때가 아직 낮이니 나를 보내신 분의 일을 우리가 해야 한다. 밤이 오면 아무도 일할 수 없다"고 말씀하셨습니다. 이후 예수 그리스도께서는 땅에 침을 뱉어 진흙을 이겨 그의 눈에 바르시고 실로암 못에 가서 씻으라고 하셨습니다. 그 맹인은 가서 씻고 밝은 눈으로 예수께 왔습니다. 이후 바리새인들과 논쟁을 벌였고, 예수를 다시 만났을 때 "내가 세상을 심판하러 왔으니 보지 못하는 자들은 보게 하고, 보는 자들은 맹인이 되게 하려 한다"는 말씀을 들었습니다.

이 맹인은 누구입니까? 바로 우리 자신입니다. 예수 그리스도께서 맹인의 눈에 진흙을 발라 주고 실로암 못에 가서 씻으라고 하신 것은 그가 눈을 뜰 수 있는 방법을 알려 주신 것입니다. 이는 이 시대 영적 맹인들에게 영적 세계를 보는 길을 가르쳐 주시는 것과 같습니다. 예수 그리스도께서

"하나님의 일이 그에게 나타나게 하려 한다"고 하신 말씀은 오늘날 영적 맹인들이 눈을 뜨게 하는 것이 곧 하나님의 일이라는 뜻입니다. 그리스도께서 진흙을 이겨 눈에 바르시고 실로암 못에서 씻으라고 하셨다면, 맹인인 우리는 그 말씀을 따라 실로암 못을 찾아가 씻기만 하면 됩니다.

그렇다면 실로암 못에서 씻는다는 것은 구체적으로 무엇을 의미할까요? 그것은 기록된 말씀을 읽고 깊이 묵상하는 것입니다. 단순히 말씀을 읽기만 해서는 안 됩니다. 읽은 말씀의 뜻을 깨닫게 해달라고 기도해야 합니다. 다니엘이 느부갓네살 왕의 꿈을 알기 위해 기도했던 것처럼, 계속해서 찾고 구하며 두드려야 합니다. 그럴 때 하늘의 지혜가 우리에게 임하고, 그 생각이 영적 눈을 뜨게 합니다. 이것이 바로 하늘 문이 열리는 순간입니다. 그렇게 되면 그 사람은 하늘을 바라보는 자가 됩니다.

그러나 영적 세계는 세상의 세계와 다릅니다. 한 번 눈을 떴다고 해서 계속 눈이 열린 상태로 유지되는 것은 아닙니다. 그렇기 때문에 영적 눈을 한번 뜨면 늘 깨어 있어야 하며, 실로암 못에 가서 날마다 씻어야 합니다. 주기도문에서 "오늘날 우리에게 일용할 양식을 주옵시고"라는 말씀은 바로 이러한 의미를 담고 있습니다.

야곱과 그와 함께한 모든 사람은 벧엘에 이르러 제단을 쌓고 그곳을 엘벧엘, 곧 하나님의 벧엘이라고 불렀습니다. 이로써 야곱의 가족들은 가나안에서 하나님과 함께하는 삶을 시작합니다. 그들과 함께한 모든 사람 또한 하나님과 동행하며 그 기업을 이루는 삶을 살게 됩니다. 이제 더는 야곱의 가족이 이삭과 이스마엘, 야곱과 에서처럼 분리되는 일이 없을 것입니다. 벧엘에서 야곱의 가족은 하나님과 교제하며 그분을 더욱 알아 가게 됩니다. 그리고 그들 중 요셉을 통해 하나님의 영이 먼저 역사하심으로써 야곱의 가족이 애굽으로 이끌려 가는 거대한 새 역사가 펼쳐집니다.

한편, 리브가의 유모가 죽어 벧엘에 장사되었다는 내용은 이삭과 리브가가 야곱의 가족과 교류했음을 간접적으로 보여 줍니다. 또한, 이삭이 헤브론에서 세상을 떠난 일도 간략히 언급됩니다. 기록된 성경에서 중요한 것은 육적인 사건이 아니라 영적인 사건이므로 간단히 이 부분을 언급한 것으로 생각됩니다.

## 24. 흔들려도 붙드시는 손길
### - 당신의 이름을 기억하시는 분(창35:9-15)

야곱은 밧단아람에서 세겜을 거쳐 벧엘로 돌아왔습니다. 그때 하나님께서 다시 나타나셔서 그에게 복을 주시며, 이제 그의 이름을 야곱이라 부르지 않고 이스라엘이라 하겠다고 말씀하셨습니다. 또한 스스로를 전능하신 하나님이라 하시며, 그에게 생육하고 번성하라고 명하셨습니다. 여기서 야곱이 이스라엘이라는 이름을 얻게 된 것은 영적인 관점에서 깊은 의미를 지닙니다. 그는 하나님의 나라를 이루는 존재가 되었습니다. '이스라엘'이라는 이름은 본래 "하나님과 사람과 겨루어 이겼다"는 뜻을 가집니다. 이는 하나님의 축복을 구하는 자들에게 하나님께서 축복을 주시며, 그런 자들은 세상을 이긴다는 의미를 담고 있습니다.

하나님의 축복은 하늘의 말씀입니다. 이 말씀을 가진 자들은 세상을 이깁니다. 세상 사람들은 사실상 공중 권세를 잡은 자에게 사로잡혀 있습니다. 따라서 세상을 이긴다는 것은 곧 공중 권세 잡은 자를 이기는 것입니다. 세상을 통치하던 그들의 권세는 하나님의 축복을 가진 자들이 나타나면서 무너지기 시작했고, 그로 인해 세상에는 하나님의 나라가 세워졌습니다. 이것이 곧 이스라엘이며, 그 시작은 이스라엘이라는 이름을 받은 야곱에게서 비롯되었습니다.

이제 야곱은 이스라엘이 되어 세상을 이기는 자가 되었습니다. 그리고 그에게 속한 자들은 모두 이스라엘 나라에 편입되어 세상을 이기는 나라를 이루게 되었습니다. 야곱이 새로운 시대를 연 것입니다. 이런 관점에서 보면, 그는 세상에서 하나님의 나라를 연 존재입니다. 그 나라는 세상 나라를 이기는 나라입니다. 이전까지 세상을 다스리던 공중 권세 잡은 자를 이기는 존재가 없었지만, 야곱이 이스라엘이 되면서부터 세상을 이기는 나라가 등장한 것입니다. 이는 곧 사람이 마귀를 이기는 새로운 시대가 열렸음을 의미합니다.

그렇다면 사람은 어떻게 마귀를 이길 수 있을까요? 사람이 하나님께 축복, 즉 말씀을 구하여 얻게 되면, 그 말씀의 힘으로 마귀를 이길 수 있습니다. 이것이 육신을 가진 사람이 마귀를 이기는 방법입니다. 이제 하늘의 말씀을 받은 사람들이 마귀의 권세를 이기는 시대가 열렸습니다. 그리고 마귀를 이기는 나라가 세워졌는데, 그것이 곧 이스라엘입니다. 야곱은 이스라엘 나라, 즉 하늘의 힘으로 세상을 이기는 나라의 출발점이 되었습니다.

하나님은 이스라엘에게 "나는 전능한 하나님이니 생육하고 번성하라"고 말씀하십니다. 이는 이스라엘이 하늘의 것을 가지기만 하면 동시에 전능한 능력을 얻게 되고, 그 힘으로 세상을 이기는 자가 된다는 뜻입니다. 하나님이 이스라엘에게 바라시는 것은 생육과 번성입니다. 이는 단순히 영토를 확장하라는 것이 아니라, 하늘의 것으로 세상을 이기는 자들을 많이 탄생시키라는 뜻입니다. 곧 영적 추수와도 같습니다.

영적 관점에서 보면 이 시대는 추수의 시기이며, 추수하는 자들이야말로 최고의 영적 달란트를 감당하는 이들입니다. 예수 그리스도께서 이미 모든 농사를 지으셨으므로 이후의 시대는 추수의 시대라 할 수 있습니다. 다시 말해, 이제는 추수의 즐거움이 펼쳐지는 때입니다. 따라서 우리가 살아가는 이 시대는 영적 추수를 통해 기쁨을 누리는 시대입니다.

또한, 한 백성과 그들의 총회가 야곱, 즉 이스라엘에게서 나온다는 것은 하늘나라 백성과 그들의 총회가 야곱으로부터 시작된다는 의미입니다. 이는 하나님 나라의 총회가 어떤 사람들로 채워지는지를 보여 줍니다. 많은 그리스도인은 하늘 보좌의 총회에 대해 막연히 처음부터 특별한 존재들로 채워졌을 것이라 생각하는 경향이 있습니다. 그러나 실상은 야곱에게서 난 자들이 그 하늘 보좌의 총회를 이루게 됩니다. 따라서 야곱 이후 사람의 몸을 입고 태어난 이들, 즉 하늘의 것으로 세상을 이긴 이스라엘 백성들이 하늘 보좌를 채우는 것입니다. 하늘 보좌를 채울 사람들이 야곱 시대부터 등장하기 시작한 것입니다.

야곱에게서 한 백성이 나온다는 것은 하늘의 것으로 세상을 이기는 백성이 나타난다는 뜻이며, 백성들의 총회가 형성된다는 것은 그들이 곧 하늘나라의 총회가 된다는 의미입니다. 육체를 가지고 태어난 사람 중에도 하늘의 것으로 세상을 이기며 살아간 이들이 그 총회의 일원이 됩니다. 즉, 하늘나라는 우리와 같은 연약한 육체를 지닌 사람들이 하늘의 말씀을 받아 그것으로 세상을 이긴 자들로 이루어지는 것입니다. 따라서 육체를 가진 자들이 총회에 들기 위해서는 하늘의 말씀을 받고 그 인도하심을 따라야 합니다.

예수 그리스도는 누구십니까? 또한 예수 그리스도를 믿는다는 것은 무엇을 의미합니까? 그것은 단순히 예수 그리스도의 형상을 믿는 것이 아닙니다. 모세가 시내산에 올라간 사이 이스라엘 백성들은 자신들을 보호해 주신 하나님을 금송아지 형상으로 만들었습니다. 스스로 상상한 신을 만들어 낸 것입니다. 그러나 하나님은 이를 우상숭배라고 말씀하셨습니다. 하나님은 어떤 형상으로 존재하시는 분이 아니라 말씀으로 존재하십니다.

따라서 하나님을 아는 것은 그분이 행하신 일과 말씀을 깨닫는 것입니다. 이것이 곧 예수 그리스도를 믿는 것입니다. 즉, 하나님을 믿는다는 것은 그분의 뜻을 깊이 깨닫고 따르는 것입니다. 사람이 그리스도의 뜻을 깨달으면 그 안에서 자연스럽게 그분의 일이 시작됩니다. 따라서 억지로 무언가를 하려 애쓸 필요 없이, 그저 그리스도의 뜻을 깨닫기만 하면 됩니다. 그러면 그 깨달음이 스스로 우리를 인도하여 그리스도의 일을 이룹니다. 그래서 깨달음이 곧 믿음입니다. 깨달음이 없으면 믿음도 없습니다. 단순히 예수를 믿는 것이 아니라, 예수 그리스도가 하신 일과 말씀을 깊이 깨닫는 것이 참된 믿음입니다.

하나님은 또한 왕들이 야곱의 허리에서 나올 것이라 말씀하셨습니다. 이는 야곱처럼 하늘의 것으로 사는 자들에게서 영적 왕들, 즉 세상 권세를 이기는 자들이 탄생한다는 뜻입니다. 이러한 왕들은 예수 그리스도의 십자가 죽음 이후 등장하기 시작합니다. 그리스도의 십자가 이후 세상을 완전히 이기는 참된 왕들이 나타납니다. 이는 곧 하나님의 아들들이 본격적으로 활동하는 시대가 된다는 것을 의미합니다. 하나님의 아들들이란 하늘과 땅의 모든 권세를 받아 세상을 통치하는 자들입니다. 지금이 바로 하나님의 아들들의 시대입니다. 영적 관점에서 보면 지금 이 시대는 하나님의 아들들, 즉 그리스도인들에게 상상할 수 없는 능력이 부여된 때입니다. 다만, 많은 그리스도인이 세상살이에 바빠 자신의 정체성을 깨닫지 못할 뿐입니다.

영적인 왕들과 세상의 왕들 사이의 차이점은 왕권의 지속성에 있습니다. 세상의 왕권은 순간적이지만, 하나님의 아들들에게 주어진 왕권은 육체의 죽음을 넘어 영원히 지속됩니다. 이러한 왕들이 야곱에서부터 나오기 시작합니다. 다윗은 이러한 영원한 왕권을 가진 자들을 상징하는 이스라엘의 왕이었습니다. 그는 하나님의 마음을 따라 왕권을 행사했던 인물입니다. 다윗은 하나님을 너무 사랑하여 율법의 말씀을 묵상하였는데 어느 날 갑자기 사무엘이 그에게 기름을 부어 이스라엘의 왕으로 세웠습니다.

아무것도 모르던 시골 베들레헴의 한 양치기가 하나님의 말씀을 사모하여 그 말씀을 늘 묵상하며 다녔고, 결국 그는 왕으로 기름 부음을 받았습니다. 이 시대의 그리스도인들도 마찬가지입니다. 세상에서 볼 때 아주 작은 존재일지라도 하나님의 말씀을 사랑하고 늘 그 말씀을 깊이 새기면, 그 말씀이 그의 삶에 들어와 함께하게 됩니다. 그 결과 그는 세상을 이기는 권세를 부여받고 세상의 권세를 초월하는 왕 같은 자가 됩니다. 지금도 이런 그리스도인들이 곳곳에서 세워지고 있습니다.

그 나라는 먼저 아브라함과 이삭에게 약속한 땅, 곧 가나안에서 시작됩니다. 다시 말해, 육적 이스라엘 나라로부터 시작된다는 뜻입니다. 그곳에서 시작된 나라는 예수 그리스도 이후 영적 이스라엘로 확장되어 온 세상에 퍼지게 됩니다. 야곱이라는 한 사람에게서 비롯된 작은 나라가 결국 전 세계로 퍼져 나간 것입니다. 그 출발점이 바로 벧엘입니다. 이런 관점에서 벧엘은 특별한 의미를 지닌 장소입니다. 그곳은 하늘나라로 들어가는 문이 있는 지역이며, 이 세상에서 하늘나라가 시작된 곳입니다. 육적 이스라엘 나라에서 영적 하늘나라가 시작된 장소입니다.

야곱은 하나님이 말씀하신 그곳에 돌기둥을 세우고 전제물을 붓고 제사를 드렸습니다. 돌기둥을 세운 것은 하나님께서 나타나 말씀하신 일을 기억하기 위해서였습니다. 그는 돌기둥 위에 전제물과 기름을 붓고 제사를 드렸고, 그곳은 벧엘이라 불리게 되었습니다. 이제 야곱의 벧엘에서의 삶이 본격적으로 시작됩니다.

6부

# 다음 세대를 향한 하나님의 계획

## 25. 가장 소중한 것을 잃을 때

- 라헬의 죽음 속에 있는 하나님의 선물(창35:16-29)

야곱은 가나안 땅에 도착한 후 세겜에서 벧엘로, 다시 벧엘에서 에브랏으로 이동했습니다. 각 지역에서 얼마나 머물렀는지는 정확히 알려지지 않았지만, 벧엘에서 에브랏으로 가는 도중 라헬이 해산하게 됩니다. 그녀는 난산 끝에 베냐민을 낳고 생을 마감했습니다. 이후 이스라엘 백성들은 라헬을 칭송했는데, 이는 그녀가 이스라엘 여인으로서 이스라엘의 아들들을 낳는 데 자신의 모든 힘을 다했기 때문입니다.

라헬이 베냐민을 낳은 일은 영적으로 큰 의미를 지닙니다. 그녀의 출산으로 이스라엘의 열두 지파가 완성되었기 때문입니다. 이스라엘 아들들의 탄생은 단순한 혈통의 계승이 아니라 하늘나라 총회의 형성을 의미합니다. 이는 육적인 출생을 넘어 영적인 탄생을 상징하며, 곧 야곱의 가문에서 하늘나라의 총회 구성원이 나오기 시작한 순간이기도 합니다. 하나님은 이 총회를 열두 지파로 이루시고, 이를 통해 예수 그리스도를 탄생시키는 거대한 영적 역사를 펼치십니다.

라헬이 이 열두 지파의 완성에 중요한 역할을 하게 된 것은 그녀가 야곱, 즉 이스라엘과 결혼했기 때문입니다. 이것이 라헬이 받은 축복입니다. 약속의 사람 야곱의 아내가 된 것은 그녀에게 주어진 특별한 은혜였습니다. 그녀는 세상의 딸로 태어났으나, 하늘의 사람 이스라엘의 아내가 됨으로써 하늘나라 총회를 탄생시키는 역할을 감당하게 되었습니다. 이는 노아의 홍수 이전 하나님의 아들들이 세상 딸들의 아름다움을 보고 그들을 아내로 삼은 것과는 반대되는 이야기입니다. 아브라함으로 시작된 약속의 계보에서는 세상의 딸들을 맞이해도 네피림이 태어나는 것이 아니라, 하늘나라의 총회가 세워지게 됩니다.

이 일이 가능했던 이유는 아브라함이 이삭을 제물로 바친 후 하나님께서 그에게 약속의 기업을 주셨기 때문입니다. 하나님은 그의 후손이 하늘의 별처럼 많아지고, 대적의 성문을 차지하며, 온 세상이 그를 통해 복을 받게 될 것이라고 약속하셨습니다. 따라서 아브라함, 이삭, 야곱에게서 나온 자손들은 세상을 하늘로 변화시킬 능력을 지니게 되었습니다.

라헬이 야곱의 그늘로 들어가 하늘로 바뀌어 하늘 총회를 탄생시킨 것은 야곱의 후손들의 세상을 하늘로 변화시키는 능력을 보여 줍니다. 하나님의 기업을 받은 자들은 이러한 능력을 소유하고 있습니다. 이는 곧 세상 사람들이 하늘나라에 들어갈 수 있다는 희망을 의미합니다. 세상의 사람들이 하늘나라 사람의 아내가 되면 하늘에 속하게 되고, 하늘의 아들들을 출산할 수 있습니다. 즉, 세상에서도 하늘을 창조하는 일에 동참할 수 있는 것입니다. 이 시대의 그리스도인들이 바로 그러한 존재입니다. 그들은 세상의 아들로 태어나 예수 그리스도를 마음으로 영접함으로써 그리스도의 신부가 되었고, 영적 자녀들, 즉 하늘나라의 총회를 출산하는 자가 되었습니다. 그들 자신도 하늘나라에 들어가 그 총회에 속하게 되며, 동시에 또 다른 하늘 총회를 이루어 갑니다.

하나님은 그들에게 영적 출산을 위해 교회로 모일 것을 명하십니다. 모이기를 게을리하지 말고, 자기를 부인하며 하나님의 길을 따르라고 하셨습니다. 그렇다면 자기를 부인하는 것은 무엇을 의미할까요? 그것은 곧 하늘의 말씀이 내 안에 들어와 나를 이끌어 가도록 하는 것입니다. 그렇게 되면 자연스럽게 내가 없어집니다. 그때 우리의 육체는 빛을 발하게 됩니다. 왜냐하면 우리의 육체가 말씀을 실천하는 도구가 되기 때문입니다.

라헬이 베냐민을 낳음으로써 이스라엘 열두 지파가 완성되었습니다. 이러한 의미 있는 영적 출산을 위해 그녀는 큰 고통을 감내해야 했습니다. 이는 인간의 죄로 인해 여인들이 감당해야 하는 잉태의 고통이었습니다. 라헬은 이 고통을 극한까지 경험한 여인이었으며, 이로 인해 이스라엘 여인들 사이에서 잉태의 고통을 상징하는 인물이 되었습니다. 동시에 그녀는 하늘나라의 기업을 탄생시키는 대표적인 존재가 되었습니다.

예레미야 선지자는 이스라엘 아들들이 바벨론으로 끌려가는 모습을 보고 이렇게 외쳤습니다. "라마에서 슬픔과 통곡의 소리가 들리니, 라헬이 자식을 잃고 애곡하는구나. 그녀가 자식이 없으므로 위로받기를 거절하는도다"(렘 31:15). 이스라엘 여인들이 자기 아들들이 바벨론 포로로 끌려가는 것을 보고 통곡한 것은 아들을 잃어버린 단순한 육적인 슬픔이 아니라, 기업을 잃어버린 절망이었습니다.

라헬은 아들의 탄생과 함께 죽음을 맞이할 것을 직감하고 그 이름을 베노니, 즉 '슬픔의 아들'이라 불렀습니다. 이는 육적인 어미로서 젖을 먹이지 못할 아들에 대한 슬픔이 담긴 이름입니다. 그러나 야곱은 이 이름을 베냐민, 즉 '오른팔의 아들'이라는 하늘의 이름으로 바꾸었습니다. 이는 이스라엘의 오른팔을 의미하며, 더 나아가 하늘나라의 오른팔이라는 뜻을 지닙니다. 다시 말해, 그는 하늘나라에서 오른팔의 역할을 감당할 사람이라는 뜻입니다.

실제로 베냐민 지파에서는 에훗이라는 사사와 사울 왕이 나왔으며, 결정적으로 사도 바울이 태어나 세상을 복음화하는 중요한 역할을 담당합니다. 베냐민의 탄생에서 사도 바울에 이르기까지 이어지는 거대한 하나님의 역사를 볼 수 있습니다. 라헬은 이스라엘의 아내로서 베냐민을 낳는 역할을 감당했지만, 그 탄생이 사도 바울까지 연결될 것이라고는 꿈에도 생각하지 못했을 것입니다. 그녀는 자신의 시대에 맡겨진 역할을 감당했을 뿐이지만, 하나님은 이를 통해 크고 놀라운 역사를 이루셨습니다. 이는 오늘날 우리에게도 동일하게 적용됩니다.

이스라엘은 에브랏을 떠나 에델 망대를 지나 장막을 쳤습니다. 그의 여정은 마치 유목민족과 같은 삶을 보여 줍니다. 이스라엘의 아내 라헬이 베냐민을 낳음으로써 이스라엘의 열두 지파가 완성되었습니다. 이는 열두 지파로 구성된 하늘나라 총회의 시작을 의미합니다. 그러나 총회에 처음 들어간 이들의 면면을 살펴보면 부족한 점이 많습니다. 그중 하나가 르우벤이 빌하와 동침한 사건입니다. 또한, 시므온과 레위는 세겜에서 혈기 어린 사건을 일으켰고, 르우벤 역시 정욕으로 인한 잘못을 저질렀습니다. 이런 모자라는 자들과 함께 이스라엘의 열두 지파가 구성되었습니다. 더욱이 이들은 이스라엘의 첫째, 둘째, 셋째 아들이었습니다.

이처럼 그들의 부족함은 이스라엘의 총회가 온전한 사람들이 아니라 육체를 가진 이들로 채워지며, 그 가운데 연약한 자들도 포함된다는 사실을 보여 줍니다. 하나님께서는 세상에서 결핍되고 부족한 자들을 들어 사용하셔서 그분의 역사를 이루어 가셨습니다. 하늘 총회에 속한 이들이 완벽하지 않더라도, 하나님께서는 그런 육적 사람들과 함께 세상에서 당신의 뜻을 이루어 가십니다.

이스라엘의 열두 지파 야곱의 아들들은 다음과 같습니다. 레아에게서 르우벤, 시므온, 레위, 유다, 이사갈, 스불론이 태어났고 라헬에게서 요셉과 베냐민이, 빌하에게서 단과 납달리가, 실바에게서 갓과 아셀이 태어났습니다. 야곱의 이 열두 아들은 훗날 이스라엘의 열두 지파가 됩니다.

거룩한 성 예루살렘의 동서남북 문에는 열두 지파의 이름이 새겨지는데, 이는 그들이 예루살렘 성의 문을 세우는 삶을 살았다는 의미입니다. 그들의 영적 삶이 만들어 놓은 문을 통해 수많은 사람이 천국에 이르게 됩니다. 그들의 삶을 돌아보면 부족한 점도 많았지만, 이스라엘의 아들로 태어난 그들을 통해 하나님은 거룩한 성 예루살렘의 문을 세우셨습니다.

야곱은 에델 망대에서 다시 기럇아르바의 마므레로 가서 아버지 이삭을 찾았습니다. 먼 길을 떠나 밧단아람으로 갔던 그가 열두 아들을 데리고 아버지에게 돌아온 것입니다. 그는 하나님께서 자신을 통해 이루신 것을 품고 아버지 이삭의 집으로 돌아왔습니다.

이삭은 나이가 많아 180세가 되었고, 기운이 다해 세상을 떠나 조상들에게로 돌아갔습니다. 그는 모리아 산에서 제물이 된 경험과 야곱을 얻은 일로 인생의 가장 의미 있는 순간을 남겼습니다. 야곱 또한 이스라엘이라는 이름을 받고 열두 아들을 얻으며 가장 충만한 영적 삶을 살았습니다. 그들은 모두 세상에서 새로운 시대, 곧 하늘의 시대를 연 사람들입니다.

## 26. 하나님의 선택에는 이유가 있다
 - 에서와 야곱의 다른 운명(창36:1-19)

　이삭은 에서와 야곱을 낳았습니다. 하나님의 뜻으로 태어난 이삭에게서 세상의 아들인 에서가 나왔습니다. 하나님의 뜻으로 태어난 자들도 육체를 입고 있으므로 그들에게서 세상의 아들들이 태어날 수 있습니다. 이삭은 단지 육체를 가진 사람으로서 예수 그리스도의 탄생과 죽음을 예표하는 사람이었습니다. 이삭은 하늘에서 나온 자로 모리아 산에서 제물이 된 자로 예수 그리스도를 예표합니다. 예수 그리스도는 하늘에서 세상에 오시기 위해 동정녀 마리아의 몸을 빌렸습니다. 마치 대리모에게서 태어나는 아기처럼 마리아의 형질은 전혀 받지 않고 성령에 의하여 탄생하였습니다. 그래서 죄가 없습니다. 예수 그리스도 이외에 육체를 입고 있었던 모든 사람은 죄의 속성을 지닌 존재이며, 따라서 그들은 죄의 속성을 가진 자들만 낳을 뿐입니다.

　하나님은 그러한 죄의 속성을 가진 자들에게 하나님의 기업을 주시고, 그들과 함께하심으로써 기업을 성취하도록 하셨습니다. 하나님은 아브라함에게 주신 기업을 이루기 위해 먼저 아브라함의 씨를 탄생시키셨습니다. 그 씨가 와야 기업이 성취될 수 있기 때문입니다. 따라서 구약 시대 하나님의 기업을 받은 자들에게 아브라함의 씨를 탄생시키는 것이 최선이며 정의였습니다. 즉, 선을 이루기 위해 이삭이 태어났고, 이삭에게서 야곱이 태어났습니다. 다만 이삭은 하나님의 뜻으로 태어났지만, 아브라함의 씨를 탄생시키기 위한 선을 행한 자일 뿐 예수 그리스도와 같은 완벽한 의인이나 완전한 신은 아니었습니다. 그래서 그는 영적 분별력이 부족하여 에서에게 아브라함의 기업을 물려주려 했으나, 하나님께서 간섭하셔서 야곱이 기업을 물려받았습니다.

아브라함 이후 육체를 가진 자들은 예수 그리스도까지 그 기업을 가진 자들을 통해 계속해서 씨를 낳았습니다. 그리고 예수 그리스도의 탄생과 십자가의 죽음 이후부터는 하나님께서 직접 육체를 가진 자 중에서 그의 아들들을 탄생시키십니다. 이 시대를 열기 위해 하나님은 아브라함의 때부터 예수 그리스도를 탄생시키는 역사를 진행하셨고, 결국 십자가의 죽음을 통해 그 시대를 여셨습니다. 이제 예수 그리스도가 오신 뒤로 하나님의 나라는 사람의 육체 가운데 존재하게 됩니다. 따라서 이 시대에는 하나님의 나라를 사람의 육체 안에서, 특히 그 안에 존재하는 말씀에서 찾아야 합니다. 예수 그리스도 이후 사람의 육체는 영을 담는 그릇이 됩니다. 그 그릇 안에 하나님의 아들이신 영이 존재하며, 그 속에 성령이 함께합니다. 따라서 성령이 말씀을 깨달아 생각을 주면, 그 생각을 따라 육체가 따라가는 새로운 세계가 시작됩니다. 그렇게 하늘의 생각을 들으면 육체까지 하늘이 됩니다. 그런 자들은 세상 위에서 떨어져 올라 하늘을 걷는 자들이 됩니다.

그러나 육체를 가진 사람들은 여전히 옛사람의 속성을 지닙니다. 따라서 그들은 세상을 탄생시킬 수도 있고, 하늘을 탄생시킬 수도 있습니다. 이삭의 아들 에서의 자손들을 통해 육체를 가진 이삭과 같은 자들이 세상의 아들들을 탄생시킬 수 있음을 보여 줍니다. 에서는 세 명의 아내, 아다(헷 족속), 바스맛(이스마엘의 딸), 오홀리바마(히위 족속)에게서 다섯 명의 아들을 낳았습니다. 아다는 엘리바스, 바스맛은 르우엘, 오홀리바마는 여우스, 얄람, 고라를 낳았습니다. 그리고 엘리바스는 데만, 오말, 스보,

가담, 그나스라는 다섯 명의 아들과 첩 딤나에게서 아말렉을 낳았으며, 르우엘은 나핫, 세라, 삼마, 미사를 낳았습니다. 이들은 모두 족장이 되었고, 엘리바스의 후손 중에서 고라라는 족장이 하나 더 포함되었습니다. 오홀리바마의 아들들인 여우스, 얄람, 고라 역시 족장이 되었습니다. 따라서 엘리바스가 낳은 여섯 명의 아들과 고라, 르우엘의 네 아들이 각각 족속으로 분리되어 총 14개의 족속을 이루었습니다. 에서에게서 총 14개의 세상 족속이 등장한 것입니다. 그는 이삭의 장자였지만 하늘의 기업을 물려받지 못했으므로 세상에서 14개의 세상 족장으로 번성했습니다. 그 족장 중에는 이후 이스라엘을 괴롭힌 아말렉도 포함되어 있습니다.

에서는 가나안 땅에서 모은 모든 재물을 가지고 동생 야곱을 떠나 다른 곳으로 갔습니다. 두 사람의 소유가 많아 함께 거주하기 어려웠기 때문입니다. 결국 에서는 세일 산에 정착하게 되었습니다. 이는 그가 이삭의 집안에서 분리되었음을 의미합니다. 하나님의 기업을 상속받지 못한 자들은 그 집안에서 떠나게 됩니다. 이로써 에서는 이삭의 집안에 임한 하나님과 관계없는 존재가 되었고, 세상에 속한 자로 살아가게 됩니다. 말하자면 그는 하늘을 보지도 듣지도 못하는 사람이 되었습니다.

비록 에서는 이삭에게서 태어났지만 하늘의 기업을 받지 못했으므로 이삭과 야곱에게서 멀어지게 되었습니다. 하늘의 기업을 얻는 것은 전적으로 하나님의 뜻에 달려 있기 때문입니다. 야곱은 태어나기 전부터 약속의 자녀로 선택되었지만, 에서는 선택받지 못했습니다. 따라서 선택된 자도 이유 없이 선택된 것이며, 선택되지 않은 자도 마찬가지입니다. 그러므로 선택된 자들은 겸손하게 하나님의 뜻에 따라 살아가면 됩니다. 하나님의 뜻을 따라 사는 것이야말로 가장 가치 있는 삶이며, 그 목적을 위해 태어난 것입니다. 이처럼 세상에는 처음부터 하나님의 뜻을 이루기 위해 태어난 자들이 있습니다.

에서의 아들 엘리바스에게서 아말렉이 태어납니다. 이삭의 후손인 에서에게서 아말렉 족속이 등장한 것입니다. 이후 아말렉 족속은 이스라엘 백성이 출애굽하여 가나안 땅에 들어갈 때 그들을 공격했습니다. 그러자 하나님은 이스라엘 백성에게 틈이 날 때마다 아말렉 족속을 공격하여 멸하라고 명하셨습니다. 이삭에게서 이스라엘 백성과 아말렉이 동시에 나왔습니다. 같은 조상에게서 하나님 나라와 그 나라를 공격하는 세상 나라가 함께 등장한 것입니다.

적은 멀리 있는 것이 아니라 가까이에 있습니다. 오늘날 성령의 시대에도 하나님의 뜻을 방해하는 존재는 먼 곳이 아니라 우리 곁에 있습니다. 결국 내 안에서 하나님의 나라를 가로막는 것은 다름 아닌 나 자신의 겉사람입니다. 하나님의 뜻을 막는 존재는 언제나 나의 겉사람이며, 내 최대의 적은 죽지 않은 나 자신입니다. 그러므로 그것을 쳐서 복종시켜야만 하나님께서 나를 통해 역사를 이루십니다. 그래서 하나님은 하나님의 사람들을 연단하십니다.

영의 나라와 말씀의 나라에서는 하나님 말씀을 반영하는 육체가 필요합니다. 여기서 말씀을 반영하는 육체란 말씀을 깨닫는 자들을 의미합니다. 말씀을 깨닫지 못하는 사람들은 자연스럽게 육체의 생각대로 살아가기 때문입니다. 따라서 겉사람을 죽이는 방법은 하늘의 말씀을 알아듣는 것입니다. 어린 사무엘의 경우 하나님의 말씀을 알아듣는 순간부터 그의 사역이 시작되었습니다. 하나님은 사무엘에게 말씀을 통해 당신을 나타내셨습니다. 오늘날도 하나님은 말씀을 통해 우리에게 자신을 드러내십니다. 그러므로 우리는 그 말씀을 들어야만 합니다. 그러나 그것을 듣지 못하도록 방해하는 것이 바로 아말렉과 같은 나의 겉사람입니다. 이러한 겉사람을 쳐서 복종시키려면 사무엘처럼 삶에서 하나님의 말씀을 깊이 깨달아야 합니다. 하나님의 말씀을 아는 것이 이 시대에 우리가 드릴 영적 예배입니다. 예수 그리스도를 믿는다는 것은 곧 말씀을 아는 것입니다. 오늘도 알고 내일도 알고, 모레도 알고, 매일 알아야 합니다.

그렇게 될 때 하나님은 우리를 통해 날마다 세상에 반영되십니다. 우리는 그분을 비추는 거울과 같습니다. 그러므로 예수를 믿는 것은 곧 말씀을 알고 그 말씀대로 사는 삶입니다. 우리는 이를 위해 모이고 기도해야 합니다. 그것만 있다면 모든 것을 가진 것이나 다름없습니다. 그리스도인들은 말씀을 아는 데 모든 것을 걸어야 합니다. 그렇다면 우리는 어떻게 말씀을 깨달을 수 있을까요? 그 방법은 무엇일까요? 그것은 바로 정기적으로 모이기를 힘쓰는 것입니다. 이것이 성령님께서 우리에게 알려 주신 방법입니다. 예수 그리스도가 부활하신 후 제자들이 모여 기도할 때 오순절 다락방에서 성령의 역사가 일어났습니다. 그 후 그리스도의 제자들은 어디서든지 정기적으로 모이며 기도에 힘썼고, 그때마다 영적인 역사가 나타났습니다.

우리는 성경의 기록된 말씀을 어디서나 쉽게 접할 수 있는 시대, 그 해석이 무궁무진한 시대를 살아가고 있습니다. 이런 축복된 환경을 놓친다면 언젠가 후회할 날이 올 것입니다. 지금이 바로 하나님의 때입니다.

## 27. 세상 성공 vs 하나님 축복
### - 진짜 성공은 어떤 것인가?(창36:20-43)

이삭의 아내 리브가가 임신했을 때 태중에서 아들들이 다투는 일이 있었습니다. 이에 리브가가 여호와께 여쭈니 하나님께서 말씀하셨습니다. "여호와께서 그에게 이르시되 두 국민이 네 태중에 있구나. 두 민족이 네 복중에서부터 나누이리라. 이 족속이 저 족속보다 강하겠고 큰 자가 어린 자를 섬기리라"(창 25:23). 리브가의 태중에서부터 싸운 두 아들은 에서와 야곱입니다. 이후 이들은 두 민족으로 나뉘어 이스라엘 민족과 에돔 민족이 되었습니다. 큰 자가 작은 자를 섬기게 될 것이라는 예언은 에돔이 이스라엘을 섬기게 될 운명을 미리 알려 준 것입니다. 앞서 등장한 호리 족속과 에돔(이두메) 족속은 이 예언이 성취되었음을 보여 줍니다.

창세기에 호리 족속의 족보가 나오는 이유는 에서의 자손들이 그들과 섞였으며, 그들의 땅에 에서의 나라가 세워졌기 때문입니다. 야곱과 결별한 에서는 세일, 즉 호리 족속이 사는 곳으로 이주하여 그들과 어울려 살았습니다. 이후 에서의 후예들은 왕이 되어 세일 지역을 통치했습니다. 성경이 갑자기 에서의 족보를 언급하며 호리 족속에 대해 이야기하는 것은, 그의 후손들이 그곳에서 호리 족속을 정복하고 자리 잡았기 때문입니다. 결국 에돔 땅을 다스리는 왕들이 등장했지만, 이들은 결국 이스라엘의 종이 됩니다. 에서의 후손들은 이삭의 가계를 떠나 가나안 족속인 호리 족속과 섞였고, 세상의 왕이 되었지만, 결과적으로 이스라엘에 종속되는 운명을 맞이했습니다. 에돔은 이스라엘과 형제 민족이었지만, 끊임없이 이스라엘을 괴롭혔고, 하나님께서는 그들 가운데서 나온 아말렉 족속을 철저히 경계하셨습니다. 에돔 족속 중에서는 헤롯 왕이 나오기도 했으며, 그는 예수 그리스도가 탄생했을 때 그를 죽이려 했습니다.

야곱은 처음에는 에서를 이기지 못했습니다. 그는 형을 피해 밧단아람으로 도망쳤으며, 이후에도 에서의 400명의 군대를 두려워했습니다. 그러나 얍복강 가에서 하나님과 씨름한 후 '이스라엘'이라는 새 이름을 받자, 두 사람의 관계는 완전히 뒤바뀌었습니다. 하늘의 축복을 구하고 하늘의 이름을 받은 야곱 앞에 에서는 결국 굴복했습니다. 야곱이 이스라엘이라는 이름을 얻은 순간, 그는 단순한 개인이 아니라 하나님의 나라를 대표하는 존재가 되었습니다. 이제 그에게서 난 자들은 모두 하늘나라의 백성이 됩니다.

야곱이 이스라엘이라는 이름을 갖게 되자, 리브가에게 하신 하나님의 말씀대로 에서는 그에게 굴복하였습니다. 이때부터 두 형제의 길은 완전히 갈라집니다. 야곱은 하늘의 길을 걸어갔고, 에서는 세상의 길로 갔습니다. 에서의 자손들은 이후 이스라엘에게 가장 큰 걸림돌이 됩니다. 야곱에게 '이스라엘'이라는 이름이 주어지면서 세상 속에 하늘나라가 임하게 됩니다. 이때부터 하늘나라는 먼 곳에 있는 것이 아니라, 가까운 곳에서 이루어지기 시작했습니다. 하늘나라는 세상 가운데 존재하며, 우리 안에서 활발히 펼쳐지고 있습니다.

구약 시대 이스라엘 백성들이 추구한 목표는 하나님의 아들들의 시대를 여는 것이었습니다. 이를 위해 그들은 예수 그리스도의 탄생을 준비하고, 하나님의 아들들의 시대를 맞이하기 위해 달려갔습니다. 왜냐하면 그들의 삶은 하나님의 아들들의 시대가 열릴 때 완전한 구원을 얻을 수 있었기 때문입니다. 하나님의 아들들의 시대는 생명을 살리는 시대입니다. 구약 시대는 생명을 직접 살리는 시대가 아니라, 생명을 살리는 시대를 준비하는 때입니다. 그래서 그들은 천국의 문을 여는 역할을 맡았고, 이후 하나님의 아들들은 그 문을 통해 예수 그리스도와 함께 직접 천국을 건설하게 됩니다. 구약의 성도들은 하나님의 아들들의 시대를 멀리서 바라보았지만, 신약 시대의 성도들은 거룩한 성 예루살렘을 완성하는 것을 목표로 삼습니다. 이 일이 완성되면, 우리 주 예수 그리스도께서 다시 오실 것입니다.

오늘날 그리스도인들에게 가장 큰 적은 자기 육신입니다. 하나님의 뜻을 이루는 데 있어 가장 큰 장애물은 우리의 육적 본성이며, 육신은 하늘의 길과 세상의 길 둘 중에서 선택을 해야 합니다. 육신이 하늘의 길을 따르는 것은 말씀이 육신을 다스릴 때 가능합니다. 그러나 말씀이 없으면 육체는 자연스럽게 세상의 길을 가게 됩니다.

그리스도인의 혼과 육체가 스스로 왕이 되면, 세상을 이길 수 없습니다. 그 안에서 하늘나라가 나타나지 않기 때문입니다. 그리스도인은 진리의 말씀으로 탄생한 존재이므로, 그 말씀이 그 안에서 작동할 때 비로소 그에게서 하늘이 드러납니다. 그러나 말씀이 없으면 결국 세상의 본성이 다시 살아나게 되고, 하늘과 세상이 공존하는 모순적 삶을 살게 됩니다. 세상은 언제나 하늘의 일을 방해하기 때문입니다.

야곱이 이스라엘이 된 이후, 이스라엘의 유일한 왕은 하나님이셨습니다. 이스라엘의 열두 지파는 별도로 왕을 세우지 않았으며, 하나님께 뜻을 묻고 하나님의 사람이 백성을 다스리게 했습니다. 그러나 이스라엘 백성이 왕을 요구하자, 하나님은 사무엘에게 말씀하셨습니다. "그들이 너를

버린 것이 아니라 나를 버린 것이다." 즉, 이스라엘 백성이 세상 왕을 원한 순간, 그들은 하나님을 왕으로 인정하지 않은 것입니다. 하나님께서는 직접 이스라엘을 다스리길 원하셨지만, 결국 백성들은 인간으로 왕을 세웠고, 이스라엘의 왕정은 실패로 끝나고 말았습니다.

오늘날 그리스도인들의 왕은 오직 예수 그리스도이십니다. 그러나 인간의 육체는 여전히 세상의 왕을 찾으며 그들을 따르려 합니다. 하지만 세상의 권력과 지도자는 누구도 구원의 능력을 가지지 못합니다. 오직 구원의 이름을 가지신 예수 그리스도만이 우리를 구원할 수 있는 참된 왕이십니다.

반면, 마귀는 끝까지 왕을 흉내 내려 합니다. 그는 구원의 능력이 없기 때문에 세상의 권력을 이용하여 사람들을 다스리려 합니다. 그러나 하나님께서는 이런 존재를 '짐승'이라 부르십니다. 힘과 권력으로 사람을 지배하는 자들은 일시적으로 왕이 될 수 있을지 모르지만, 영원한 왕은 될 수 없습니다. 마귀는 땅에서는 왕이 될 수 있지만, 하늘나라에서는 결코 왕이 될 수 없습니다.

그러나 그리스도인은 세상에 속한 자가 아니라 하늘나라에 속한 자들입니다. 우리는 매일 하늘나라를 드나들며 살아가는 존재입니다. 마귀가 그리스도인을 두려워하는 이유는 바로 여기에 있습니다. 우리에게는 그에게 없는 구원의 이름이 있으며, 그 이름으로 마귀의 나라를 무너뜨릴 수 있기 때문입니다.

7부

꿈꾸는 자를 키우시는 하나님

## 28. 17세 소년의 꿈이 역사를 바꾸다
  - 당신 안에 잠든 하나님의 비전(창37:1-11)

야곱은 그의 아버지 이삭이 거류하던 땅, 헤브론에 거주하였습니다. 그곳에서 야곱의 아들들이 성장하기 시작했습니다. 요셉이 열일곱 살 되던 해, 그는 형들과 함께 양을 칠 때 형들의 잘못을 아버지 야곱에게 말했습니다. 이를 통해 요셉이 불의를 참지 못하는 성품을 지녔음을 추측할 수 있습니다. 야곱이 요셉을 다른 아들들보다 더 사랑했기 때문에, 그는 형들에게 미움을 받았고 서로 편안하게 대화할 수 없는 사이가 되었습니다.

그러던 중 요셉은 꿈을 꾸었습니다. 그 꿈에서 그는 밭에서 곡식 단을 묶고 있었는데, 자신의 단은 일어서고 나머지 단들은 모두 둘러서서 절하는 모습이었습니다. 또 다른 꿈에서는 해와 달, 열한 개의 별이 요셉에게 절하고 있었습니다. 이러한 꿈과 여러 사건으로 인해 요셉은 형들에게 더욱 미움을 받게 되었습니다.

그러나 이 일을 영적으로 바라보면, 요셉에게 하나님의 영이 임했음을 알 수 있습니다. 야곱이 '이스라엘'이 된 이후, 그의 모든 가족은 세상에 임한 하늘이 되었습니다. 하나님은 그 하늘, 즉 그분께 속한 사람들을 통해 함께하십니다. 이 하늘에 속한 사람들은 야곱과 그의 아내들, 그리고 열두 아들입니다. 하나님은 이들을 통해 세상에서 하나님의 역사를 이루십니다. 하나님의 영이 세상 속에서 그분께 속한 자들과 함께하심으로써 역사가 이루어지는 것입니다. 요셉이 이러한 특별한 꿈을 꾼 것은 하나님의 영이 그와 함께하여 하나님의 계획을 성취한다는 것을 의미합니다.

하나님의 영이 사람과 함께하면, 그는 영적인 차원의 지식을 가지게 됩니다. 따라서 요셉은 단순한 세상적 지식이 아닌 하늘의 지식을 가진 자가 되었습니다. 다니엘과 그의 세 친구가 바벨론에 포로로 끌려가 술사 교육을 받을 때, 왕의 음식을 거부한 것도 같은 맥락입니다. 그들은 자신들을 더럽히지 않겠다는 결단을 내렸고, 하나님의 말씀을 따르겠다는 신앙적 선택을 했습니다. 그 결과, 학문을 깊이 깨달았으며 다니엘은 환상과 꿈을 해석하는 능력을 지니게 되었습니다. 이는 하나님의 영이 사람과 함께할 때, 가장 먼저 하늘의 지식을 얻게 됨을 보여 줍니다. 하나님의 본질이 곧 지식이기 때문입니다. 그러므로 하나님의 영이 함께하는 사람은 필연적으로 하나님의 지식의 세계를 알게 됩니다. 요셉은 이렇게 세상에서 하늘의 지식을 가지고 하나님의 뜻을 이루는 자로 부름받았습니다.

하나님이 아브라함을 선택하신 것은, 세상 속에서 이루고자 하시는 거대한 역사와 관련이 있습니다. 그것은 바로 사람들이 스스로 죄의 종임을 깨닫도록 하시는 것이었습니다. 하나님은 아브라함을 갈대아 우르에서 불러 가나안 땅으로 가게 하셨고, 그의 후손이 이방에서 객이 되어 400년 동안 종살이를 하다가 큰 재물을 이끌고 다시 가나안 땅으로 돌아오게 될 것임을 알려 주셨습니다(창 15:13-16).

인간은 죄의 종이지만 스스로 그 사실을 깨닫지 못합니다. 그래서 하나님은 아브라함의 자손들에게 먼저 그들의 정체성, 즉 영적 지식을 가르쳐 주시기 위해 이방에서 종살이를 경험하게 하는 계획을 세우셨습니다. 하늘의 세계는 진리의 세계이므로, 인간이 어떤 존재인지 그리고 하나님이 어떤 분이신지를 알게 합니다. 따라서 요셉이 꾼 두 개의 꿈은 하나님이 사람들에게 전하고자 하는 영적인 계획을 성취할 자로 그가 선택되었음을 알려 줍니다.

　하나님이 보시기에 인간의 가장 큰 문제는 자신이 죄의 종이라는 사실을 인식하지 못하는 것입니다. 그래서 하나님은 무지개 언약을 세우시고, 그 언약을 성취하기 위해 아브라함과 이삭, 야곱을 통해 준비하셨습니다. 그리고 야곱, 곧 이스라엘의 아들 요셉을 통해 인간을 영적 지식의 세계로 이끄는 첫 번째 작업을 시작하셨습니다. 그것이 바로 요셉에게 두 개의 꿈을 꾸게 하신 것입니다.

　하나님은 이 꿈을 통해 이스라엘의 가족들을 애굽으로 이끄시고, 그들이 그곳에서 자신들이 애굽의 종임을 철저히 깨닫게 하셨습니다. 그리고 400년 후, 그들을 세상의 종살이에서 구원하시는 역사를 이루십니다. 요셉의 꿈은 단순히 그가 형제들의 왕이 될 것을 의미하는 것이 아니라, 하나님의 영이 그와 함께하여 하늘의 사람들을 애굽으로 인도하신다는 뜻입니다. 이를 통해 하나님은 사람들이 자신이 세상의 종임을 깨닫고, 영적 지식으로 새롭게 변화되도록 이끄십니다.

　요셉의 꿈은 현실에서 그를 험난한 길로 이끌었습니다. 이처럼 하나님의 영이 함께하는 길은 때로는 고난의 길이 될 수도 있습니다. 꿈속에서 요셉은 형들과 온 집안의 왕이 되는 것처럼 보였지만, 실제로는 험난한 삶이 시작됩니다. 그러나 인간이 참된 하늘의 세계로 들어가기 위해서는 자신이 세상의 종이라는 올바른 정체성을 깨달아야 하므로, 하나님은 요셉에게 힘든 길을 걷게 하셨습니다. 야곱이 이스라엘이라는 이름을 받으면서 그와 그의 가족들은 세상에서 하늘이 되었습니다. 즉, 그들이 세상에 세워진 하나님의 나라가 된 것입니다. 하지만 겉모습만 하나님의 나라여서는 안 되었으므로 하나님은 직접 그 하늘에 하나님의 지식을 심기 위한 역사를 시작하십니다. 하나님의 나라는 지식의 나라이며, 하나님은 하늘의 사람들이 하늘의 지식을 알기를 원하십니다. 따라서 하나님은 요셉을 통해 하늘의 지식을 전하는 거대한 역사를 펼치셨습니다.

하늘의 지식은 먼저 자신이 세상의 종임을 깨닫는 데서 시작됩니다. 세상의 종이란 곧 죄의 종이라는 뜻입니다. 이는 인간이 사는 육적 세상이 아담의 범죄로 인해 형성되었기 때문입니다. 죄를 지은 사람들은 하늘 지식의 세계에서 멀어졌고, 결국 흙을 먹으며 살아가게 되었습니다. 그들은 하늘의 음식을 먹지 못한 채 단지 제사를 통해 하나님과 교제하는 삶을 살았습니다. 그런 그들에게 하나님은 하늘 지식의 세계를 열어 주시어 흙이 아닌 하늘의 것을 먹을 수 있도록 계획하셨습니다. 첫 단계로, 사람들 스스로 자신의 정체성을 깨닫게 하셨습니다. 이를 위해 하나님은 이스라엘, 즉 하늘의 사람들을 애굽에서 종의 삶을 살도록 하셨습니다. 그리고 때가 되자 하나님은 약속대로 이스라엘 백성을 가나안 땅으로 인도하시어 그곳에서 하나님의 기업을 주셨습니다. 그 기업을 이어가며 살아가는 동안, 하나님 아들들의 시대를 준비하게 됩니다.

하나님이 요셉을 통해 이스라엘 가족을 애굽으로 인도하신 것은 그들이 애굽에서 거대한 민족으로 성장하도록 하시려는 계획이었습니다. 이를 통해 하나님은 그들에게 율법을 주시고, 율법과 함께하는 삶 속에서 메시아를 기다리게 하신 후 예수 그리스도를 탄생시키심으로써 하나님의 아들들의 시대를 준비하셨습니다. 그들이 율법과 함께 살아가며 이루어 낸 하나님의 역사는 곧 거룩한 성 예루살렘의 성문이었습니다. 즉, 세상의 사람들이 그 성을 통해 들어올 수 있도록 문을 준비하고 그 문을 연 것입니다. 영적 관점에서 보면 이는 엄청난 위업입니다. 땅에서 나와 죄의 종이 되어 흙을 먹으며 살아가던 사람들이 하늘의 지식을 먹을 수 있도록 길을 연 것입니다. 말 그대로 좀비와 같은 인류에게 행하신 위대한 역사였습니다. 비록 이스라엘 백성이 하나님의 뜻을 어기고 여러 시행착오를 겪었지만, 결국 그들을 통해 하나님은 천국의 문을 세우셨습니다.

이제 우리는 그 천국의 문을 통해 들어가 하늘의 지식을 먹으며 구원을 이루는 시대를 살고 있습니다. 예수 그리스도는 천국 문으로 들어온 자들 가운데 오셔서 그들 속에서 세상 사람을 구원하는 역사를 이루십니다. "주는 그리스도"라고 부르는 것은 "나의 그리스도"라는 의미입니다. 이제 구원이 각 사람에게 임하며, 각자가 천국을 경험하는 시대가 열린 것입니다. 천국이 사람들 속으로 들어와 있으며, 천국을 향한 열망을 가진 자들이 그 천국을 차지하는 시대가 되었습니다. 이는 기존에 존재하는 천국을 사람들이 차지하는 것이 아니라, 하늘의 아들들이 새로운 천국을 창조해 가는 것입니다. 마귀가 지배하는 세상의 사람들을 하나님께로 이끌어 오면, 그들이 천국이 됩니다. 이것이 바로 하나님의 아들들이 펼쳐가는 하늘의 역사입니다.

오늘날 많은 사람들이 그리스도인이라 하면서도 천국을 오해하고 있습니다. 단순히 예수를 믿으면 죽어서 천국에 간다고 생각합니다. 그러나 세례 요한 이후 천국은 침노하는 시대가 되었습니다. 이는 예수 그리스도의 시대, 즉 성령의 시대를 의미합니다. 예수께 성령이 임하셨을 때 성령의 시대가 시작되었으며, 십자가의 죽음 이후에는 그 성령이 예수를 따르는 모든 그리스도인의 육체 속에 임하여 함께하십니다. 이 성령의 시대야말로 천국을 침노하는 시대입니다. 이는 이미 존재하는 천국을 침노하는 것이 아니라, 마귀에게 점령당한 사람들을 하나님의 나라로 이끌어 오는 시대입니다. 이스라엘의 열두 지파가 만든 예루살렘 성문을 통해 사람들이 천국으로 들어가게 되며, 천국을 건설하는 일은 세례 요한 이후의 세대에게 맡겨졌습니다. 우리는 이 시대를 성령의 시대, 천국을 침노하는 시대라고 부릅니다. 그리스도인들은 바로 이 시대를 살아가고 있습니다.

## 29. 시기와 질투도 하나님의 계획 안에
- 도단 들판의 기적(창37:12-24)

요셉의 형들이 세겜에서 양 떼를 칠 때 아버지 이스라엘은 요셉에게 형들이 양 떼를 잘 돌보고 있는지 확인하고 오라고 하였습니다. 요셉은 아버지의 말을 듣고 세겜으로 갔지만 그곳에서 형들을 만나지 못했고, 도단으로 가서 마침내 형들을 찾았습니다. 요셉이 형들을 만나기 위해 세겜으로 떠난 것은 단순히 그들의 상태를 확인하려는 목적이 아닙니다. 요셉이 형들을 만나러 간 사건은 영적인 관점으로 바라보아야 합니다. 그래야만 이 이야기를 정확히 이해할 수 있습니다.

요셉이 세겜으로 떠난 이유는 그에게 임한 하나님의 지식이 그를 그곳으로 인도하였기 때문입니다. 단순히 아버지 이스라엘의 요청 때문이 아니라 하늘의 지식이 그를 이끌었던 것입니다. 하나님의 지식이 사람에게 임하면 그것은 그의 내면에서 활동하며, 겉으로 보기에는 마치 사람의 의지로 행동하는 것처럼 보이게 됩니다. 이는 마치 아버지 이스라엘이 요셉에게 가라고 하여 그가 길을 떠난 것처럼 보이지만, 실상은 하나님의 지식이 그를 움직인 것과 같습니다.

하늘의 뜻이 요셉에게 꿈을 통해 계시된 것은 그가 하늘의 지식을 갖게 되었음을 의미합니다. 즉, 하나님의 영이 그와 함께하신다는 뜻입니다. 하나님의 지식이 있는 곳에는 언제나 하나님의 영이 함께하십니다. 이제 요셉은 이스라엘의 가족이라는 세상 속 하늘나라에서 하나님의 지식을 가진 자가 되었습니다. 세상에서 육체를 지닌 사람이 하나님의 지식을 갖게 되었다는 것은 그가 하나님의 뜻에 따라 살게 되었음을 의미합니다. 이로 인해 그는 세상 사람들과는 다른 삶을 살게 됩니다.

대부분의 사람은 가족과 함께 편안하고 안정된 삶을 추구하며 그것을 삶의 목표로 삼습니다. 그러나 하늘의 지식을 가진 사람의 삶은 자기의 뜻대로 펼쳐지지 않으며, 하나님의 뜻에 따라 살아가게 됩니다. 요셉이 꾼 꿈은 곧 그가 자기의 뜻이 아니라 하나님의 뜻에 따라 살아가야 하는 존재가 되었음을, 즉 하나님께 온전히 속한 자가 되었음을 의미합니다.

야곱에게는 열두 아들이 있었지만, 그중 처음으로 하나님의 지식을 가진 사람은 요셉이었습니다. 그는 하나님께 선택받아 하늘의 지식을 가지게 되었습니다. 하늘에 속한 사람 중에서도 하나님의 지식을 가진 자가 있는 반면, 그렇지 않은 자도 있습니다. 이스라엘의 열두 아들 중 요셉을 제외한 나머지 형들은 하늘에 속한 자들이었지만 하늘의 지식을 가진 자는 아니었습니다. 그러나 그들은 하늘에 속했으므로 요셉을 통해 하나님의 인도를 받으며 살아가게 됩니다.

요셉을 제외한 이스라엘의 열한 아들은 하늘의 지식을 받지는 못했지만, 요셉을 통해 하나님의 뜻을 따라 살게 됩니다. 그들은 세상에서 일상의 삶을 살면서도 요셉에게 임한 하늘의 뜻을 따르며 나아가게 됩니다. 그러다가 때가 되어 그들이나 그들의 후손에게 하나님의 지식이 임하면, 그들이 이스라엘의 역사를 이어가는 역할을 맡게 됩니다. 요셉을 제외한 야곱의 아들들이 하늘의 지식을 직접 받지 않았다고 해서 하나님의 뜻을 이루지 않는 것은 아닙니다. 하나님의 선택은 변함이 없으므로, 비록 그들에게 직접 하늘의 지식이 임하지 않았더라도 요셉의 인도를 받음으로써 하나님의 뜻은 그들을 통해 이루어지게 됩니다.

요셉의 형들은 그가 꾼 꿈이 이루어지지 않도록 하려고 요셉을 죽이려 했습니다. 사람들은 자신의 힘으로 꿈의 실현을 막을 수 있다고 생각하지만, 이는 결코 가능하지 않습니다. 그런 일은 일어날 수 없습니다. 그 꿈은 하나님의 지식에 의해 나타난 것이므로, 성취되지 않도록 하는 것은 하나님의 뜻을 거스르는 일입니다. 그러나 인간의 생각으로 하나님의 뜻을 꺾을 수는 없습니다. 요셉이 꾼 꿈은 사람이 바꿀 수 있는 것이 아닙니다. 같은 꿈을 두 번 꾸었다는 것은 이미 확정되었음을 의미하며, 인간의 어떤 노력으로도 바꿀 수 없다는 것을 뜻합니다. 따라서 그 꿈은 어떤 일이 있어도 반드시 이루어질 것입니다.

형제들이 요셉을 죽이려고 했습니다. 그러나 르우벤은 요셉을 살리려고 했습니다. 그래서 그때 르우벤의 생각과 행동은 다름 아닌 요셉에게 임한 하늘의 지식으로 말미암은 것이었습니다. 즉, 요셉을 애굽으로 인도하기 위해 하늘의 지식이 르우벤에게 요셉을 살릴 마음을 품게 한 것입니다. 따라서 이러한 일련의 사건들은 하나님의 지식이 요셉을 애굽으로 보내는 과정이라 할 수 있습니다. 이 장면에서 우리는 하나님의 뜻이 인간의 생각에 좌우되지 않고 이루어진다는 것을 볼 수 있습니다. 형들이 요셉을 죽이려 했을 때 하나님의 지식이 르우벤의 생각을 주관하여 그것을 막는 방식으로 작동합니다. 하나님의 지식은 이와 같은 방법으로 사람들 가운데 역사합니다.

이후 요셉이 애굽의 국무총리가 되어 형들을 만났을 때 그는 하나님께서 큰 구원으로 형들의 생명을 보존하시고 그들의 후손을 세상에 두시기 위해 자신을 형들보다 먼저 애굽에 보내셨다고 고백합니다(창 45:7). 하나님은 이스라엘 백성을 세상 가운데 두시기 위해 요셉에게 하늘의 지식을 주시고 그를 먼저 애굽으로 보내셨으며, 결국 그의 가족을 그곳으로 부르셨습니다. 따라서 형들이 요셉을 죽이려 했고, 르우벤이 그를 구덩이에 넣어 살리려 했으며, 이후 유다가 미디안 상인에게 팔자고 제안한 모든 과정은 요셉에게 임한 하나님의 지식이 그의 환경을 이끌어 간 결과라고 할 수 있습니다. 사람이 하나님의 지식을 받으면 이처럼 하나님의 뜻을 이루기 위한 일들이 진행됩니다. 그러므로 하나님의 지식이 한 사람에게 임하면 그의 주변 환경 역시 하나님의 뜻에 따라 변화하는 일이 일어납니다. 하나님의 지식은 능동적이며 생명력이 있어 끊임없이 환경을 변화시키고 결국 하나님의 뜻을 이루게 합니다.

요셉은 하나님의 지식이 임하여 꿈을 꾸었지만, 그것이 현실에서 어떻게 이루어질지는 알지 못했습니다. 그 꿈이 처음 성취된 것은 형들에게 버림받는 형태로 나타났습니다. 요셉은 자신이 왜 형들에게 버림받아야 했는지 이해하지 못했으며, 그것이 하나님의 계획이었다는 사실을 깨닫기까지 오랜 시간이 걸렸습니다. 열두 아들 중 요셉에게만 이러한 하나님의 지식이 임한 것은 전적으로 하나님의 선택이었습니다. 이에 대해 나머지 열한 아들은 자신이 선택받지 못한 것을 항의할 수는 없습니다.

요셉에게 임한 하나님의 지식은 그를 고난의 길로 인도했습니다. 요셉의 꿈은 고난을 통해 성취되었습니다. 그는 그 꿈으로 인해 죽음의 위기에까지 처해졌고 삶의 환경은 극도로 어려워졌습니다. 그러나 이러한 과정을 통해 그는 연단이 되었으며, 시간이 지나면서 하나님과 함께하는 삶이 더욱 분명해졌고 그의 지혜 또한 탁월하게 성장했습니다. 성경에 나타난 인물들을 보면 하나님께서는 종종 고난을 통해 당신의 뜻을 이루시는 것을 알 수 있습니다. 모세, 다윗, 엘리야, 다니엘 등 믿음의 선진들 또한 육체적 고난을 감내하며 살아갔습니다. 하나님의 지식은 인간의 육적인 생각과 반대되는 속성이 있으므로 하늘의 지식을 받은 사람들은 고난을 경험하게 됩니다. 그리고 이러한 육체를 가진 사람 중 가장 큰 고난을 받은 분은 예수 그리스도이십니다.

예수 그리스도는 성령으로 잉태되어 태어나셨습니다. 즉, 처음부터 하나님의 뜻을 이루기 위해 하나님의 지식으로 오신 것입니다. 이후 성령을 받으시고 하늘의 지식으로 살아가실 때 그분은 결국 십자가의 죽음을 향해 나아가셨습니다. 그것이 하나님께서 예수 그리스도에게 주신 하늘의 지식이었기 때문입니다. 그래서 예수 그리스도는 당신의 뜻대로 사는 것이 아니라 그 하늘의 지식을 따라가셨으며, 이를 통해 하나님의 뜻을 이루셨습니다. 그 결과, 모든 육체를 가진 이들이 예수께 나오기만 하면 그리스도의 본성이 그들 안에 임하여 역사하게 되었습니다. 즉, 사람들 안에 영적인 문이 열린 것입니다. 예수 그리스도께 임한 하늘의 지식으로 인해 세상 사람들에게 영적 길이 열리게 된 것입니다.

이제 예수 그리스도께서 그 문을 여셨으니 그리스도의 제자들은 이를 사람들에게 전해야 합니다. 그들은 사람들 안에 그리스도의 문이 있음을 알리고, 그 문을 열고 나아가면 구원의 역사가 일어난다는 사실을 증거하는 자들입니다. 성령이 그들에게 임한 것은, 하나님의 지식을 주어 그 사명을 감당하게 하기 위함이었습니다. 그로 인해 그들은 매를 맞고, 갇히고, 헐벗으며, 떠도는 삶을 살게 되기도 하지만, 그것 역시 하나님의 지식이 인도하는 삶입니다. 예수의 제자들, 즉 그리스도인들은 하늘의 지식을 받아 이 땅에서 그러한 삶을 살아갑니다. 그것은 결코 이상한 일이 아닙니다. 믿음의 선진들은 하나님의 지식으로 그러한 삶을 살다가 하늘로 갔으며, 우리 또한 이 시대 속에서 그들의 길을 따르는 사람들입니다.

## 30. 최악이 최고가 되는 순간
### - 노예가 된 요셉의 역전 인생(창37:25-36)

요셉의 형들은 그를 구덩이에 넣은 뒤 음식을 먹다가 애굽으로 내려가는 미디안 상인들을 보았습니다. 그러자 유다는 요셉을 살리기 위해 그들에게 팔자는 제안을 했고, 형제들은 이에 동의하여 요셉을 은 이십에 넘겼습니다. 이렇게 해서 요셉은 애굽으로 가게 되었으며, 그곳에서 그가 꾼 꿈이 현실로 펼쳐지기 시작합니다. 그가 꾼 꿈은 그가 먼저 고향을 떠나 먼 이국땅에서 종으로 팔려 가는 것으로 이루어졌습니다. 이 요셉의 꿈 이야기는 하늘의 지혜가 요셉을 애굽으로 이끌어 가는 과정을 보여 줍니다. 요셉이 겪는 고난을 통해 하나님의 거대한 계획을 성취하기 위한 영적 여정이 시작됩니다. 야곱을 통해 진행된 하나님의 뜻을 성취하신 다음, 이제 하나님은 요셉을 통해 또 다른 계획을 시작하십니다.

하나님은 인간의 근본적인 변화를 약속한 무지개 언약을 성취하기 위해 아브람을 선택하여 그의 이름을 아브라함으로 바꾸시고, 그에게서 이삭을 낳게 하셨습니다. 그리고 이삭을 모리아 산에서 제물로 바치게 함으로써 하나님의 계획을 이루셨습니다. 아브라함은 이삭을 제물로 바침으로써 하나님의 약속을 기업으로 받았습니다. 즉, 그의 자손이 번성하고 대적의 성문을 차지하며 천하 만민이 복을 받게 될 것이라는 언약을 받았습니다. 이삭은 모리아 산에서 희생 제물이 되었고, 그 후 야곱을 낳음으로써 하나님의 뜻을 따랐습니다. 야곱은 열두 아들을 낳고 얍복강 가에서 하나님과 씨름한 끝에 '이스라엘'이라는 새 이름을 받았습니다. 이를 통해 하나님의 뜻이 이루어졌습니다. 이제 하나님은 아브라함에게 "반드시 알라 네 자손이 이방에서 객이 되어 그들을 섬기겠고 그들은 사백 년 동안 네 자손을 괴롭히리라"(창 15:13)고 하셨던 예언의 말씀을 실행하십니다. 그 계획된 하나님의 역사 속에서 요셉이 중요한 역할을 맡았으며, 그의 고난을 통해 하나님의 위대한 약속의 성취가 시작되었습니다.

이처럼 요셉이 미디안 상인에게 팔려 간 사건은 하나님의 구속사적 관점에서 이루어진 일입니다. 약속의 기업을 물려받은 아브라함의 자손이 이방에서 나그네가 되고 종의 삶을 경험하는 것은, 세상 사람들의 정체성을 깨닫게 하려는 하나님의 계획이었습니다. 노아의 홍수 이후 인간은 세상의 종으로 살아가면서도 그 사실을 자각하지 못했습니다. 하나님은 인간이 자신의 정체성을 깨닫지 못한 채 살아가는 것을 가장 먼저 바로잡아야 한다고 보셨습니다. 인간의 가장 큰 문제는 자신이 세상의 종이라는 사실을 모르고 살아간다는 점입니다. 이를 해결하기 위해 하나님은 아브라함을 선택하셨고, 그의 자손이 이방에서 살아가도록 계획하셨습니다. 왜냐하면 인간은 자신이 누구인지를 깨달아야만 하나님의 지식을 받아들일 수 있는 길이 열리기 때문입니다.

하나님은 요셉이 애굽에 팔려 가게 하심으로써 인간 구속의 역사를 진행하셨습니다. 아브라함의 자손들은 애굽에서 자신들이 세상의 종이라는 사실을 절실히 깨닫게 됩니다. 그들이 이를 인식하게 되면, 종에서 해방되기 위해 아브라함과 이삭, 야곱의 하나님을 찾게 될 것이기 때문입니다. 사람이 세상의 종이라는 것은 곧 죄의 종이라는 의미입니다. 세상은 죄로 가득 차 있으며, 죄가 인간을 지배하고 있기 때문입니다. 따라서 인간이 죄의 종이라는 사실을 깨닫게 하는 것이 먼저 이루어져야 했습니다. 하나님은 아브라함의 자손을 애굽으로 보내어 그들이 스스로의 정체성을 자각하게 하셨습니다. 하나님의 가르침은 단순한 이론이 아니라, 몸으로 체득하는 가르침입니다. 하나님은 이스라엘 백성을 애굽으로 이끄시고, 그곳에서 그들이 스스로 세상의 종임을 몸소 경험하도록 하셨습니다.

이런 관점에서 요셉의 고난을 바라보면 그의 삶이 오늘날 하나님의 아들들의 삶과 직접 연결된다는 것을 알 수 있습니다. 요셉이 애굽으로 팔려가서 겪은 고난의 삶의 역사는 복음의 시대 하나님의 아들들이 세상의 종에서 탈출하여 세상을 다스리는 시대를 여는 기초가 되었습니다. 그의 고난 위에 오늘날 하나님의 아들들의 시대가 세워진 것입니다. 이로써 야곱에게서 하늘나라의 총회가 나타나기 시작합니다. 야곱의 자손들은 하늘나라의 총회가 되었고 그 중심적인 존재가 되었습니다.

반면, 아담의 계보, 즉 셋의 계보를 따른 하나님의 아들들은 성공적인 삶을 살지 못했습니다. 그들은 하나님의 영과 함께하는 삶을 살았으나 결국 실패의 결과를 맞이했습니다. 그 결과물이 바로 네피림이었고, 그로 인해 홍수 심판이 임했습니다. 따라서 셋의 계보를 따른 하나님의 아들들의 삶은 빛나는 영광의 삶이라 할 수 없을 것입니다.

그러나 아브라함 이후, 무지개 언약을 성취하기 위한 하나님의 역사에 동참한 아브라함의 자손들은 영광스러운 삶을 살았습니다. 그들은 하나님의 아들들의 시대를 열었으며, 하나님의 지식이 사람들에게 전해지고 그 지식으로 죽은 자가 살아나는 시대를 열었습니다. 요셉의 고난도 이러한 관점에서 바라보아야 합니다. 아브라함 이후 그의 자손들은 하나님의 아들들의 시대를 열었으며, 성공적인 삶을 살았다고 할 수 있습니다. 따라서 그들의 삶은 영광의 삶이었습니다. 구약 시대에 하나님의 역사를 이루며 살아간 이들은 신약 시대를 여는 역할을 했으며, 최고의 삶을 살았다고 할 수 있습니다.

요셉의 삶은 이 시대 하나님의 아들들의 삶의 기초가 되었습니다. 그의 13년간의 고난과 애굽의 총리로서 살았던 영광의 삶은 이스라엘 백성이 애굽에서 큰 민족으로 성장하는 계기가 되었으며, 나아가 출애굽을 통해 하늘의 지식인 율법을 받는 과정으로 이어졌습니다. 하나님은 이스라엘 백성이 애굽에서 자신들이 세상의 종임을 몸소 체득하도록 하셨으며, 율법을 주심으로써 스스로 죄인임을 깨닫게 하셨습니다. 하나님의 가르침은 단순한 지식 전달이 아니라 몸으로 체득하도록 하는 경험적 가르침입니다. 그리고 출애굽 이후 하나님은 율법과 제사법을 통해 그들이 죄인임을 스스로 깨닫도록 하십니다.

또한 하나님은 예수 그리스도의 죽음 이후 죄로부터의 완전한 해방도 몸으로 체득하도록 가르치셨습니다. 이를 위해 성령을 그리스도인들 안에 거하시도록 하셨습니다. 성령을 받은 그리스도인들은 몸으로 그리스도를 경험하는 자들이 됩니다. 구약 시대에는 율법을 통해 죄인임을 깨닫게 하셨지만, 성령의 시대에는 하나님의 백성이 자신이 의인임을 경험하도록 하셨습니다. 그래서 그리스도인들은 매일 의로운 삶을 살아가며 이를 몸소 체험합니다. 구약 시대에는 성령을 주지 않으시고 대신 성막과 성전, 그리고 율법을 주셔서 스스로 죄인임을 깨닫도록 하셨습니다.

그러나 신약 시대에는 성령을 주심으로써 하나님의 백성이 스스로 의인임을 알게 하셨습니다. 성령이 임하심으로 하늘의 지식이 그리스도인들 안에서 함께하게 되었으며, 그 지식이 믿음이 되어 행함으로 이어지게 하셨습니다. 그 결과, 믿음으로 사는 이들은 몸으로 자신이 의인임을 경험하게 됩니다. 이 시대는 하늘의 지식이 역사하는 시대이며, 그 지식이 사람들에게 체험되는 시대입니다. 하나님은 이러한 시대를 열기 위해 3,800여년 전 요셉을 애굽으로 보내셨습니다. 요셉의 삶이 기초가 되어 오늘날 하나님의 아들들의 시대가 세워진 것입니다.

마찬가지로 오늘날 하나님의 아들들의 삶 위에 다음 세대 그리스도인들의 삶이 세워집니다. 따라서 우리의 삶은 단지 우리의 세대에서 끝나는 것이 아니라 미래 그리스도인들의 삶과 연결됩니다. 우리가 살아가는 삶의 터전 위에 앞으로 하나님의 아들들의 시대가 이어질 것입니다. 이 시대의 하나님의 아들들은 계속해서 하나님의 역사를 세워 가는 삶을 살고 있습니다. 그러므로 오늘 하루 우리가 살아가는 삶은 미래 세대의 삶과 긴밀하게 연결되어 있습니다. 3,800년 전 요셉의 삶이 오늘날 우리의 삶과 이어져 있듯이, 오늘 우리가 살아가는 삶이 미래에 나타날 하나님의 아들들의 삶과 연결될 것입니다. 우리가 서 있는 이 자리는 믿음의 선진들이 성령의 인도하심을 따라 세운 삶의 터전입니다. 따라서 우리가 영광스러운 삶을 살아간다면, 이를 통해 요셉과 같은 믿음의 선진들의 삶도 더욱 빛날 것입니다.

야곱은 요셉이 애굽으로 팔려 간 것을 모른 채 아들이 죽었다는 소식을 듣고 스올로 내려가겠다고 말할 만큼 깊이 슬퍼했습니다. 이는 그가 온전한 인간임을 보여 줍니다. 하나님은 이러한 인간을 통해 역사를 이루십니다. 신적인 존재와 같은 자들을 사용하지 않으시고, 인간적인 모습을 가진 부족한 사람들을 통해 뜻을 이루십니다. 따라서 우리는 신적인 존재가 되려고 애쓸 필요가 없습니다. 하나님은 부족한 자들을 통해 역사하시기를 원하시며, 완벽한 자들을 택하지 않으십니다. 이것이 하나님께서 자신의 계획을 이루시는 본래의 방식입니다.

8부

절망을 희망으로 바꾸시는 하나님의 신비

## 31. 넘어져도 일으켜 세우시는 하나님
### - 유다의 회복 스토리(창38:1-11)

요셉의 이야기가 나온 뒤 갑자기 유다와 다말의 이야기가 등장합니다. 이는 창세기의 궁금증인 "어떻게 이스라엘의 아들들이 가나안에서 70명의 가족으로 늘어났는가"를 풀어 주는 내용이라 할 수 있습니다. 유다와 다말의 이야기는 이스라엘의 아들들이 주로 가나안 여인들과 결혼했다는 사실을 보여 줍니다. 성경에서 가나안 여인과 결혼했다고 명확히 언급된 인물은 유다와 시므온이지만, 다른 아들들도 가나안 여인들과 결혼했을 것으로 생각됩니다.

이스라엘의 아들들이 가나안 여인들과 결혼한 것은 홍수 이전 하나님의 아들들이 세상의 딸들과 결혼한 것과는 차원이 다릅니다. 야곱이 '이스라엘'이라는 이름을 받은 이후 그의 후손들은 이스라엘 나라에 속하게 됩니다. 이스라엘이라는 이름은 하늘의 축복을 받는 이름이므로, 그 안에 들어온 자들은 하늘의 복을 누리는 존재가 됩니다. 따라서 이스라엘의 아들들이 육적으로 비도덕적인 행위를 했다고 해도, 그들은 하나님의 선택된 자들로 하나님의 역사는 그들을 통해 이루어집니다. 그러나 그들의 죄에 대해서는 심판이 따랐습니다.

이스라엘이라는 이름 안에 들어온 자들은 하나님의 통치를 받게 됩니다. 어떤 형태로든 그 이름 안에 들어오면 하늘의 축복을 받으며 살아가게 됩니다. 이스라엘의 며느리가 되든 종으로 들어오든 혈통과 족속을 초월해 하늘의 복을 받는 존재가 됩니다. 야곱은 얍복강에서 새로운 길을 연 사람, 즉 육체를 가진 존재가 하늘의 것을 소유할 수 있도록 길을 개척한 인물입니다. 그로 인해 이스라엘에서부터 하늘의 총회가 시작되었습니다. 실질적으로 야곱이 이스라엘이라는 이름을 받은 순간, 세상 속에 하늘이 세워졌습니다. 그의 가족이 곧 이스라엘의 가족이며, 이스라엘이 하늘나라가 된 것입니다. 그 나라는 하나님이 통치하시기에 야곱의 아들들이 비록 부족한 인간이라 해도 그들을 통해 하나님의 역사가 펼쳐집니다.

예수 그리스도 이후 성령의 시대가 시작되면서 이스라엘 나라는 영적인 나라가 되었습니다. 이제 영적 이스라엘이야말로 하나님의 통치를 받는 참된 나라입니다. 그리고 그 나라에 속한 이들에게 하나님은 새로운 이름을 주셨습니다. 그것이 바로 '예수'라는 구원의 이름입니다. 하나님은 그 이름을 통해 이스라엘 나라에 속한 모든 자에게 구원의 속성을 부여하셨습니다. 이스라엘에서 하나님의 아들들이 받는 축복을 통해 하늘나라의 본질인 구원이 드러나도록 하신 것입니다. 즉, 그리스도가 그들을 통해 나타나도록 역사하신 것입니다. 그래서 이 시대의 그리스도인들에게 예수 그리스도는 충만하게 드러납니다.

이스라엘의 넷째 아들 유다는 가나안 사람 수아의 딸을 아내로 맞아 엘, 오난, 셀라 세 아들을 낳았습니다. 그는 장자 엘을 위해 그의 아내가 될 다말을 데려왔습니다. 그러나 유다의 장자 엘은 여호와께서 보시기에 악하였으므로 하나님께서 그를 죽이셨습니다. 이는 이스라엘 집안에서 하나님의 통치가 시작되었음을 보여 줍니다.

유다의 장자 엘이 여호와 보시기에 악했다는 것은 단순히 도덕적으로 타락했다는 의미가 아니라 하나님의 뜻에 어긋나는 행동을 했다는 뜻입니다. 당시 하나님의 뜻은 이스라엘 자손들의 번성이었음을 볼 때, 엘은 그 뜻에 반하는 행동을 했을 것으로 추측됩니다. 하나님께서는 사람이 도덕적으로 잘못된 행동을 할 때 용서하실 수 있지만, 하나님의 근본적인 뜻을 거스르는 행동에 대해서는 단호하게 제재하십니다. 엘에게는 그 결과가 죽음으로 나타났습니다. 이와 같이 하나님께서는 이스라엘을 통치하십니다. 이 사건은 야곱이 이스라엘이라는 이름을 얻은 후 그의 집안에 하나님의 통치가 강하게 작용하고 있음을 보여 줍니다.

유다는 엘의 동생 오난에게 형수와 동침하여 형의 씨를 이어 가라고 하였습니다. 그러나 오난은 태어날 아이가 자신의 후사가 아니라 형의 후사가 된다는 것을 알고 일부러 씨를 내지 않았습니다. 오난은 이스라엘 백성으로서 그의 씨 역시 본래 하나님의 것이었습니다. 따라서 이러한 행동은 하나님의 뜻을 거스르는 것이었고, 하나님은 결국 오난도 죽이셨습니다.

이처럼 유다의 두 아들이 차례로 죽은 사건은 하나님께서 이스라엘 자손의 번성을 강하게 원하신다는 사실을 보여 줍니다. 유다의 아들들이 그 뜻에 반하는 행동을 했기 때문에 심판을 받았습니다. 두 아들의 죽음을 목격한 유다는 다말을 엘의 아내로 맞이하게 한 것을 깊이 후회했을지도 모릅니다.

유다는 다말로 인해 두 아들이 죽자 막내아들 셀라마저 잃을까 두려워 다말을 친정으로 돌려보내며 셀라가 자랄 때까지 기다리라고 했습니다. 그는 하나님의 뜻을 알지 못한 채 두려움 속에서 살아갔습니다. 두 아들의 죽음을 지켜보며 막내아들 셀라까지 같은 운명을 맞이할까 염려했던 것입니다.

다말의 이야기는 하나님의 인도하심을 보여 줍니다. 하나님은 요셉을 통해 이스라엘 가족을 애굽으로 인도하는 한편, 열한 명의 아들을 통해 이스라엘 자손이 세상에서 번성하도록 인도하셨습니다. 유다와 다말의 이야기는 이러한 하나님의 섭리를 드러내는 대표적인 사건입니다. 하나님은 이스라엘의 번성을 통해 그들을 한 나라로 성장시키고, 그 나라에 예수 그리스도를 보내 구속의 역사를 이루려 하셨습니다. 이스라엘에서 하나님의 가장 큰 뜻은 자손의 번성이며, 이것이 하나님의 관점에서 최고의 선이었습니다. 그 뜻에 반하는 자들은 그에 대한 하나님의 징계를 받게 됩니다. 유다와 다말의 이야기는 이스라엘 가족을 향한 하나님의 철저한 주권을 보여 줍니다.

이 이야기는 또한 이스라엘의 며느리들을 통해 여인들이 잉태의 고통을 감당하는 과정이 시작되었음을 알려 줍니다. 아브라함, 이삭, 야곱을 통해 역사를 이루신 하나님은 이제 이스라엘의 며느리들에게 잉태의 사명을 맡기셨습니다. 그 고통을 가장 잘 감당한 여인이 바로 다말입니다. 이때부터 이스라엘 여인들에게 있어 최고의 선은 자손을 번성시키는 일이 되었습니다. 이는 그들을 통해 예수 그리스도가 탄생해야 하기 때문입니다. 이스라엘의 여인들은 단순히 출산하는 것이 아니라 예수 그리스도의 계보를 잇는 역할을 담당한 것입니다. 따라서 출산에 참여한 이들은 모두 마리아와 같이 예수 그리스도의 탄생에 동참한 자들이라 할 수 있습니다. 그들은 이스라엘에서 가장 중요한 역할을 감당한 셈입니다.

이스라엘의 아들들 또한 자손을 번성시키는 데 적극적으로 임해야 했습니다. 반대로 행동하는 자들은 하나님의 심판을 받을 수도 있었습니다. 다말의 시동생 오난이 바로 그런 이유로 죽임을 당한 사례입니다. 이처럼 이스라엘에서 아들과 며느리 모두 자손을 번성시키는 것이 선으로 여겨졌습니다. 그것이 곧 예수 그리스도를 탄생시키는 길이었기 때문입니다.

예수 그리스도 이후에도 번성의 원리는 여전히 중요한 가치로 남아 있습니다. 그러나 이제는 육적인 번성이 아닌 영적인 번성이 선이 됩니다. 영적 번성은 곧 천국의 확장이며 생명의 확산을 의미합니다. 구약 시대 이스라엘의 육적 번성은 영적 번성의 시대를 준비하기 위한 과정이었습니다. 이제 우리가 사는 시대는 영적 번성의 시대입니다. 이런 시대에는 영적 출산을 이루는 자들이 선을 행하는 사람들입니다. 단순히 도덕적으로 바르게 사는 것이 아니라 영적인 열매를 맺는 것이 참된 선이 되는 시대입니다.

구약 시대 자손의 번성은 이스라엘 아들들의 씨를 통해 이루어졌습니다. 여인들은 이스라엘의 씨가 있어야만 이스라엘의 후손을 낳을 수 있었습니다. 그래서 다말은 자손을 얻기 위해 모든 방법을 동원했던 것입니다. 그렇다면 이 시대에 영적 이스라엘의 후손을 출산하기 위한 씨는 무엇일까요? 그것은 바로 하나님의 말씀입니다. 하나님의 말씀이 우리 안에 들어올 때 영적 출산이 이루어지며, 이런 영적 열매를 맺는 자들이 하나님께서 보시기에 선한 자들입니다. 반면 이를 방해하는 자들은 하나님의 심판을 받을 수도 있습니다. 오늘날 이스라엘 백성은 모두 영적 출산을 이루도록 서로를 돕는 역할을 맡고 있으며, 이러한 사명을 감당하는 자들이야말로 참된 선을 행하는 사람들입니다.

## 32. 죄가 드러나는 것도 사랑이다

- 다말 사건의 진실(창38:12-20)

유다는 아내가 세상을 떠난 후 가나안 친구 아둘람 사람 히라와 함께 양털을 깎으러 딤나로 올라갔습니다. 다말은 딤나 근처에 살고 있었는데, 어떤 사람이 그녀에게 시아버지 유다가 딤나에 왔다는 소식을 전해 주었습니다. 이 말을 들은 다말은 과부의 옷을 벗고 창녀의 복장을 한 채 딤나로 가는 길가 에나임 문에 앉아 유다를 기다렸습니다.

그녀가 창녀로 변장한 것은 유다의 셋째 아들 셀라가 성장하여 하늘의 씨를 받을 나이가 되었음에도 불구하고, 다말에게 그의 씨를 주지 않았기 때문입니다. 결국 다말은 큰 위험을 감수하며 과감한 계획을 실행에 옮겼습니다. 만약 셀라를 통해 하늘의 씨를 받을 수 없다면, 직접 유다에게서라도 그 씨를 이어받겠다는 결심이었습니다. 누구도 상상하지 못할 방법을 선택한 것입니다. 이를 통해 다말이 하늘의 씨를 얼마나 간절히 바랐는지를 알 수 있습니다. 이방 여인인 다말조차 하늘의 씨를 간절히 원했지만, 정작 유다는 혹시 셋째 아들마저 잃을까 두려워하며 다말에게 그 씨를 주는 것을 고의로 거부하고 있었습니다. 그는 셀라를 통해 맏아들 엘의 기업을 이을 자를 낳아야 한다는 사실을 알고 있었지만, 끝내 실행에 옮기지 않았습니다.

유다는 이스라엘의 아들이자 하늘의 씨를 가진 자로서 하나님의 뜻을 따라 하늘의 백성을 번성하게 해야 하는 사람이었습니다. 그러나 그는 하나 남은 아들이 혹시 오난처럼 죽을까 염려한 나머지 이를 외면하고 있었습니다. 그는 결국 하나님의 뜻에 어긋나는 행동을 한 것입니다. 유다의 인간적인 생각이 하나님의 뜻을 가로막았던 것입니다.

그 후 유다는 딤나로 양털을 깎으러 가던 길에 창녀로 변장한 다말과 동침하게 됩니다. 이는 그의 지극히 육적인 모습을 보여 주는 장면입니다. 그런데 아이러니하게도, 그는 육적인 욕망을 채우기 위해 다말과 하룻밤을 보냈으나 그 사건을 통해 다말이 베레스와 세라를 낳았고, 다말에게서 나온 베레스를 통해 이후 다윗이 태어났고, 그 가계는 결국 예수 그리스도까지 이어지는 계보가 됩니다.

유다는 왜 이런 축복을 받았을까요? 그것은 그가 이스라엘의 아들이었기 때문입니다. 이스라엘이라는 이름 아래 있는 자들은 이러한 하늘의 축복을 받는 존재입니다. 이 축복은 야곱이 얍복 강가에서 밤새 하나님과 씨름하며 얻어 낸 것이었습니다. 놀랍게도 한 사람이 창녀와 관계를 맺는 도덕적으로 부끄러운 사건이 예수 그리스도의 탄생으로 이어지게 됩니다.

예수 그리스도의 탄생에 동참했다는 것은 곧 그 이후의 모든 그리스도 제자들의 삶에도 연결된다는 의미입니다. 더 나아가 하나님의 아들들이 생명을 창조하는 세계까지도 이어집니다. 유다는 다말을 통해 위대한 역사에 동참한 인물이 되었습니다. 그의 지파는 별처럼 빛나는 지파가 되었으며, 이는 그가 이스라엘의 아들로 태어나 하늘의 씨를 가진 사람이었기 때문입니다.

그러면 다말은 어떤 여인입니까? 다말은 유다에게 도장과 끈, 지팡이를 담보로 잡고 그와 동침합니다. 그녀가 이를 담보로 삼은 이유는 자신이 임신했을 때 아이를 살리기 위해서였습니다. 당시 과부가 임신하는 것은 곧 죽음을 의미했지만, 이 담보가 있으면 다말은 죽음을 면하고 아이를 살릴 수 있었습니다. 하늘의 씨를 받기 위한 그녀의 행동은 하나님을 기쁘시게 하는 최고의 행위였습니다. 다말은 여인이 감당해야 할 잉태의 고통을 온전히 받아들인 인물이었습니다. 앞에서 이스라엘 며느리들의 시대부터 잉태의 고통을 감당하는 시대가 시작되었다고 했습니다. 그 시대가 열리자마자 다말은 잉태의 고통을 담당한 대표적인 인물로 등장했습니다. 하나님은 이러한 자들을 세상에서 찾으시고 그들과 함께 하나님의 역사를 이루십니다. 다말은 하나님의 뜻을 위해 무엇이든 할 수 있는 여인이었으며, 하늘의 씨를 받기 위해 목숨까지 걸었습니다. 구속사적 관점에서 그녀는 세상에서 잉태의 고통을 가장 잘 감당한 여인이라 할 수 있습니다.

다말은 이스라엘 여인 가운데 잉태의 고통을 감당한 대표적인 인물이자, 감히 누구도 상상할 수 없는 계획을 통해 하늘의 씨를 받은 여인이었습니다. 오늘날 이스라엘은 육적인 나라에서 영적인 나라로 바뀌었습니다. 이 영적 이스라엘에서도 하늘의 씨를 받아야만 하나님의 나라를 번성시킬 수 있습니다. 구약 시대 이스라엘은 다말과 같은 여인들을 통해 번성했지만, 신약 시대, 즉 성령의 시대에는 그리스도의 제자들이 하늘의 씨를 받아 이스라엘을 번성시킵니다. 다말을 통해서는 육적인 방법으로 이스라엘 백성이 번성했지만, 성령의 시대에는 영적인 방법, 즉 그리스도의 제자들에게 하늘의 씨를 주심으로써 번성하게 하십니다. 이는 차원이 다른 방식입니다. 하나님은 이러한 시대를 준비하시며 구약 시대에 다말과 같은 여인들에게 잉태의 고통을 감당하게 하셨습니다.

에덴동산에서 하나님이 여인들에게 명하신 잉태의 고통은 다말과 마리아를 거쳐 성령의 시대, 그리스도의 제자들에게까지 이어집니다. 예수 그리스도의 제자들은 영적으로 그리스도의 신부가 되어 하늘의 씨를 받는 자들입니다. 이 시대의 그리스도의 신부들도 다말처럼 하늘의 씨를 받으며 잉태의 고통을 감당합니다. 그렇다면 그리스도의 신부가 된 제자들은 어떻게 하늘의 씨를 받을까요? 구약 시대의 여인들은 이스라엘의 아들들과 육적으로 결혼하여 하늘의 씨를 받았습니다. 그렇다면 성령의 시대에는 어떻게 그리스도와 혼인하고 그의 신부가 될까요? 그것은 물과 성령으로 거듭남으로써 가능합니다. 그리스도의 신부가 되면 하늘의 씨를 받을 자격이 주어지며, 성경은 말씀을 듣고 깨닫는 것이 씨를 받는 방법이라고 분명히 밝히고 있습니다. 좋은 밭에 뿌려진 씨는 말씀을 듣고 깨닫는 것을 의미하며, 이를 통해 100배, 60배, 30배의 결실을 맺습니다.

하늘나라는 말씀을 듣고 깨닫는 자들이 중심이 됩니다. 구약 시대에 다말처럼 하늘의 씨를 받은 자들이 중심이 되었듯이, 성령의 시대에는 말씀을 듣고 깨닫는 것이 중심입니다. 하늘나라는 지식의 나라입니다. 하나님은 이 지식의 나라를 열기 위해 구약 시대 수많은 역사를 이루셨으며, 다말과 같은 여인들이 잉태의 고통을 감당하게 하셨습니다. 성령의 시대 이스라엘은 하나님의 말씀을 듣고 깨닫는 자들을 통해 번성합니다. 하나님의 말씀을 듣고 깨달으면 100배, 60배, 30배의 결실을 맺는데, 이는 깨달음의 말씀이 결실을 이루어 하늘나라를 번성시킨다는 의미입니다. 그렇다면 말씀을 깨닫기 위해서는 누구에게 들어야 할까요? 성령에게 들어야 합니다. 성령의 음성을 듣는 방법은 두 가지입니다. 하나는 성령의 음성을 들은 사람들로부터 듣는 것이고, 다른 하나는 기록된 말씀을 통해 듣는 것입니다. 기록된 말씀을 반복하여 정독하며 성령의 음성을 들려 달라고 간구하면, 그 말씀을 통해 성령의 음성을 들을 수 있습니다.

하나님은 이러한 지식의 시대를 준비하시며 야곱에게 이스라엘이라는 이름을 주셨습니다. 하나님은 자신의 지식을 사람들에게 알리고 싶어 하십니다. 그 지식이 있으면 사람들을 살릴 수 있기 때문입니다. 하나님이 이스라엘의 가족들을 애굽에서 400년 동안 종살이하게 하신 것도 지식의 세계를 열어 주기 위한 것이었습니다. 이스라엘 백성들이 애굽에서 자신들이 세상의 종이라는 사실을 깨닫고, 또한 당시 가장 발달한 문자를 사용하는 애굽에서 히브리 글자를 만들게 하시고 글을 배우도록 하셨습니다. 하나님은 자신의 뜻을 글자로 담으실 계획을 세우셨으며, 성령의 음성을 들려주는 방법으로 글자를 사용하셨습니다. 모세를 애굽의 왕자로 자라게 하신 것도 그로 하여금 애굽의 학문을 익혀 성경을 기록하게 하려는 계획이었습니다. 고대의 글자는 상형문자였으며, 당시 메소포타미아 셈족 계통의 문자는 이집트 문자의 영향을 받았다고 볼 수 있습니다. 하나님은 자신의 말씀을 글자로 기록하여 남기기 위해 이러한 계획을 실행하셨습니다.

그러므로 하나님께서 이스라엘 가족을 애굽으로 내려가게 하신 것은 하나님의 말씀을 세상의 글자로 담아 세상 사람들과 후세에 전하기 위함이었습니다. 애굽에서 이스라엘 민족을 크게 번성하게 하시는 동시에 하나님의 지식의 시대를 준비하셨습니다. 때가 차자 출애굽을 이루시고, 시내산에서 기록된 말씀을 주셨습니다. 그 말씀을 통해 하나님이 세상에 함께하시는 새로운 시대를 여신 것입니다. 이는 하나님께서 어떤 형상으로 존재하시는 분이 아니라 말씀으로 존재하신다는 사실을 알리기 위함이었습니다.

이처럼 하나님은 이러한 과정을 거쳐 말씀의 시대를 열었습니다. 따라서 신·구약 성경은 기록된 말씀으로 구성된 하나님의 지식의 세계입니다. 이는 성령께서 기록하셨습니다. 하나님께서는 출애굽 이후 가나안 땅을 점령한 후 가나안에서 기업을 분배하시면서 레위 지파가 교육을 담당하도록 하셨습니다. 그들에게 글자를 가르치고 율법의 말씀을 교육하도록 하신 것입니다.

성령의 시대를 사는 그리스도인들은 바로 이 지식의 시대 한복판에 서 있는 사람들입니다. 기록된 말씀을 계속 들여다봄으로써 성령의 음성을 듣고 지식의 세계에 들어갑니다. 성령의 음성을 들어야만 결실, 즉 영적 생산이 이루어지기 때문입니다. 성령의 음성은 다른 사람을 통해 전해 듣거나 기록된 말씀을 통해 직접 들을 수 있습니다. 기록된 말씀을 통해 듣는 방법이 곧 말씀 묵상입니다. 본문의 말씀을 30번에서 50번씩 반복하여 정독하며 성령께 깨닫게 해 달라고 구하면, 성령께서 본문을 통해 깨달음을 주십니다. 오늘날 예수 그리스도께서도 이와 같은 방식으로 제자들에게 말씀을 주시고, 그 말씀을 통해 결실을 맺게 하십니다.

## 33. "그가 나보다 의롭다"
### - 진정한 회개의 모습(창38:21-30)

유다는 그의 친구 아둘람 사람을 보내어 에나임에서 다말에게 맡겨 두었던 담보물을 찾으려 했습니다. 그러나 아둘람 사람은 에나임에 창녀가 없다고 하며 그 여인을 찾지 못했다고 말했습니다. 유다는 부끄러움을 당할까 봐 다말 찾기를 포기하고 집으로 돌아갔습니다. 석 달쯤 후, 유다는 다말이 행음하여 임신했다는 소식을 들었습니다. 그는 며느리 다말을 죽이라고 명령했습니다. 그러나 그때 다말은 유다에게 담보물을 보내며 자신이 이 담보물의 주인으로 인해 임신했다고 알렸습니다. 이 모든 사실을 알게 된 유다는 다말이 자신보다 더 옳다고 인정하며 다시는 다말을 가까이하지 않았습니다.

유다가 다말에게 맡긴 담보물은 그녀에게 잉태된 하늘의 씨를 보호하는 최고의 수단이었습니다. 다말은 그 담보물로 인해 하늘의 씨로 태어날 아이를 안전하게 지킬 수 있었습니다. 다시 말해, 하늘의 아들들을 출산할 수 있었습니다. 하늘나라에 속한 여인들에게 하늘의 씨를 번성시키는 것은 가장 큰 선입니다. 다말은 바로 그 선을 실천한 여인이었습니다. 그녀는 하늘의 씨를 받아 이를 출산하기 위해 최선의 선한 행위를 하였습니다. 또한 세상의 누구도 생각하지 못할 방법을 고안해 실행했고, 씨를 받은 후 출산할 때까지 지혜롭게 행동하며 이를 보존했습니다. 그 결과 다말은 하늘의 씨를 받아 출산할 수 있었고, 이를 통해 예수 그리스도가 세상에 육체로 탄생하는 최고의 계보에 들어가게 되었습니다.

이 시대 사람이 하늘의 씨를 받아 출산하려면 먼저 이스라엘 나라에 속해야 합니다. 물과 성령으로 거듭날 때 이스라엘 나라의 일원이 됩니다. 예수 그리스도의 죽음 이후 이스라엘 나라에 속한 사람은 그리스도의 신부가 되며, 이들은 하늘의 씨를 받을 자격을 얻게 됩니다. 그리스도의 신부에게 가장 중요한 덕목은 그 씨를 출산하는 것입니다. 다말이 그러했듯, 하늘나라에서 가장 중요한 덕목은 출산입니다. 아담의 범죄 이후 인류에게 주어진 가장 큰 사명은 세상에 하늘나라를 건설하고 그곳에서 하늘의 백성을 번성시키는 것이었습니다. 하나님은 예수 그리스도가 오시기 전까지 육적 이스라엘 나라를 세우시고 그 나라의 여인들에게 하늘의 씨를 결혼을 통해 주어 백성을 번성하게 하셨습니다. 그러나 그리스도 이후 성령의 시대에는 하늘의 씨를 기록된 말씀 속에 감추시고 성령을 통해 받을 수 있도록 하셨습니다. 가히 놀라운 방식으로 그 씨를 숨기시고, 오직 성령을 통해서만 받을 수 있도록 하신 것입니다. 그 씨는 위대한 철학자나 종교 지도자들이 줄 수 있는 것이 아니라, 오직 성령을 통해서만 받을 수 있습니다.

따라서 성령의 시대에 하늘의 씨를 받아 출산하려면 먼저 성령을 받아야 합니다. 사람이 성령을 받아 하늘의 씨를 받는 구체적인 방법은 말씀을 듣고 깨닫는 것입니다. 그렇다면 그 말씀을 누구에게서 들어야 할까요? 바로 성령께 듣는 것입니다. 성령은 영이시므로 사람처럼 소리로 들려주시기보다는 깨달음을 통해 말씀하십니다. 사람이 우둔하여 급한 상황에서는 사람의 음성처럼 들려주시기도 하지만, 일반적으로는 깨달음이라는 방식으로 말씀을 주십니다. 따라서 그리스도의 신부가 성령의 음성을 듣기 위해서는 기록된 말씀을 보고 깊이 깨달아야 합니다. 영은 육의 세계보다 높은 차원에 존재합니다. 육의 세계에서는 음성으로 의사를 전달하지만, 영의 세계에서는 깨달음으로 전달됩니다. 그러므로 영적인 사람들은 깨달음을 통해 말씀을 이해하게 됩니다.

성령의 시대에 그리스도인들이 하늘의 씨를 받는 정통적인 방법은 기록된 말씀을 읽고 깨닫는 것입니다. 하나님은 하늘의 씨를 기록된 말씀 속에 숨겨 놓으셨으며, 성령을 통해 그 말씀을 깨달음으로써 그 씨를 받을 수 있도록 하셨습니다. 그 씨를 받은 자들은 또한 그것을 보존하여 열매 맺어야 합니다. 그러나 씨를 보존하는 방식은 구약 시대 다말과는 차원이 다릅니다. 다말이 씨를 보존한 방법은 유다가 준 담보물인 인장, 끈, 지팡이였지만, 신약 시대에는 성령이 씨를 보존하는 역할을 합니다. 신약 시대 그리스도의 신부는 먼저 기록된 말씀을 성령의 가르침을 통해 깨달아야 하며, 그 깨달은 말씀을 성령이 주신 담보물로 삼아 보존하고 열매 맺어야 합니다.

하늘의 씨가 사람들 안에 들어가면 성령이 먼저 그들의 혼과 육을 변화시키십니다. 즉, 그리스도인이 기록된 말씀을 읽고 깨달으면 성령께서 그의 삶 속에서 성령의 열매를 맺게 하십니다. 그 열매는 사랑, 희락, 화평, 오래 참음, 자비, 양선, 충성, 온유, 절제입니다. 하늘의 씨를 받은 그리스도인들은 먼저 혼과 육에 성령의 속성이 자리 잡게 되며, 이를 통해 성령의 열매가 삶 속에서 맺히게 됩니다. 그리고 성령의 열매가 있는 자들에게 다시 하늘의 씨가 심겨지면, 어떤 사람은 100배, 어떤 사람은 60배, 또 어떤 사람은 30배의 결실을 맺게 됩니다. 여기서 100배, 60배, 30배라는 표현은 결실의 정도가 사람마다 다를 수 있음을 의미합니다. 즉, 결실의 차이가 있다는 뜻입니다. 따라서 성령의 열매는 그리스도인의 영적 출산과 직접적으로 연결됩니다. 성령의 열매를 풍성히 맺은 그리스도인은 성령의 음성을 들을 때 더욱 많은 열매를 맺을 수도 있고, 적은 열매를 맺을 수도 있습니다. 그러나 성령의 열매가 없는 자들은 좋은 밭이 아닌 상태이므로 결실을 맺을 수 없습니다.

한편, 육체의 일은 성령의 열매와 반대되는 개념입니다. 육체의 일에는 음행, 더러움, 호색, 우상숭배, 주술, 원한 맺음, 분쟁, 시기, 분노, 당 짓기, 분열, 이단, 투기, 술 취함, 방탕함 등이 포함됩니다. 이런 속성을 가진 자는 하늘의 씨를 받아도 열매 맺을 수 없습니다. 그래서 그리스도께서는 십자가에서 죽으심으로써 이러한 육체의 일을 모두 십자가에 죽이셨습니다. 그리스도인이 되면 육체의 일은 죽고, 그 자리에 성령의 열매가 맺히기 시작합니다. 그리고 성령의 열매가 있는 자들에게서 영적 출산이 이루어집니다. 성령의 음성을 들으면, 즉 말씀을 읽고 깨달으면 가장 먼저 인격의 변화가 일어나며, 이 변화가 곧 영적 출산으로 이어집니다. 다시 말해, 성령의 시대에 이루어지는 출산은 인간의 인격 변화와 함께 일어난다는 것입니다. 성령의 열매는 하늘의 씨를 보존하여 풍성한 결실을 맺게 하는 역할을 하며, 이는 곧 다말이 유다에게서 받은 담보물과 같은 의미를 지닙니다.

다말은 쌍둥이를 임신했습니다. 산파는 먼저 세상에 나오려고 손을 내민 세라에게 홍색 실을 매어 주었습니다. 그런데 그 손이 다시 들어가고, 그의 아우 베레스가 먼저 나오며 태를 터뜨렸습니다. 그래서 그는 베레스라는 이름을 얻게 되었습니다. 베레스의 가계는 이스라엘 백성 중에서 가장 번성한 족속이 되었습니다. 열두 지파 가운데 가장 번성한 지파는 유다 지파로, 민수기에 따르면 유다 지파의 인구는 74,600명에 달했습니다. 각각의 인구를 보면 르우벤 지파 46,500명, 시므온 지파 59,300명, 잇사갈 지파 54,400명, 스불론 지파 57,400명, 단 지파 62,700명, 납달리 지파 53,400명, 갓 지파 45,650명, 아셀 지파 41,500명, 에브라임 지파 40,500

명, 므낫세 지파 32,200명이었습니다. 레위 지파는 계수되지 않았습니다. 이처럼 베레스의 가계는 '번식력이 베레스처럼 되어라'는 속담이 생길 정도로 하나님의 나라를 확장하는 중요한 혈통이 되었습니다.

베레스는 이스라엘의 장자가 되려는 특성을 가진 사람이었습니다. 그는 차남이었지만 장자인 세라보다 먼저 나오며 장자의 자리를 차지했습니다. 이스라엘은 이런 사람들이 그 나라를 세우는 역할을 합니다. 결국, 베레스는 이스라엘 지파 중 가장 중요한 계보가 되었으며, 이스라엘을 크게 번성시킨 족보로 자리 잡습니다. 이스라엘 백성이 애굽에서 번성할 때도 베레스의 후손들이 가장 크게 성장했고, 그들은 이스라엘의 중심 지파가 되었으며 예수 그리스도를 탄생시키는 혈통이 되었습니다.

이 베레스의 출생 이야기는 하늘의 것을 찾고 구하며 두드리는 자가 결국 그 축복을 얻게 됨을 보여 줍니다. 오늘날에도 적극적으로 하늘의 것을 찾고 구하며 두드리는 사람들이 그 유업을 차지합니다. 하나님은 성경 속에 로고스의 말씀을 숨겨 놓으셨습니다. 이 시대의 영적 이스라엘에 속한 사람들이 그 말씀을 발견하면 영적 출산이 일어나게 됩니다. 즉, 베레스처럼 하늘의 것을 적극적으로 구하는 자들이 하나님의 나라를 차지합니다. 그러므로 그리스도인은 하늘의 것을 찾는 데 적극적이어야 하며, 반대로 그 말씀을 실행할 때는 하나님의 인도하심에 따라야 합니다. 우리가 스스로 말씀을 실행하려 하면 결국 육신의 힘으로 행하게 되기 때문입니다.

## 34. 어디에 있든 축복하시는 하나님
– 보디발 집 요셉의 성공법(창39:1-10)

요셉은 미디안 상인들에게 끌려 애굽으로 내려가 애굽 왕 바로의 친위대장 보디발의 집에 팔려 갔습니다. 여호와께서 요셉과 함께하셨으므로 그는 그 집에서 하는 모든 일이 형통하였습니다. 보디발은 요셉에게 여호와가 함께하심으로 범사에 형통함을 보고, 그를 자신의 모든 소유를 관리하는 가정 총무로 삼았습니다. 요셉이 가정 총무가 된 순간부터 여호와께서는 그를 통해 보디발의 집에 복을 내리셨습니다. 요셉이 그 집을 맡게 되면서 하나님의 복이 그 가정에 임하였습니다. 여호와의 복은 그의 집과 밭에 있는 모든 소유에도 미쳤으며, 이를 본 보디발은 자신의 모든 소유를 요셉에게 위탁하고 자신이 먹는 음식 외에는 간섭하지 않았습니다.

하나님께서 요셉과 함께하신 것은 그가 이스라엘의 아들이며 가나안에 있을 때 하나님의 말씀을 받았기 때문입니다. 요셉은 가나안에서 열한 개의 곡식단과 해, 달, 별들이 자신에게 절하는 꿈을 꾸었으며, 이는 그에게 하나님의 뜻이 전달되었음을 의미합니다. 하나님은 꿈을 통해 요셉이 할 일을 미리 보여 주신 것입니다. 요셉이 애굽으로 가게 된 것은 형들의 미움 때문이 아니라, 하나님께서 그에게 꿈을 통해 주신 지혜와 지식이 그를 이끄셨기 때문입니다.

하나님께서 인간 구원의 역사를 이루실 때는 언제나 사람들과 함께 이루십니다. 단독으로 구원의 역사를 이루시는 것이 아니라, 아브라함을 선택하시고 이삭과 야곱을 세우시며, 야곱에게 '이스라엘'이라는 이름을 주심으로 이스라엘 나라를 세우시고 그 안에 속한 모든 사람과 함께 구원의 역사를 이루십니다. 하나님은 열두 아들을 통해 구원의 계획을 진행하셨으며, 요셉에게만 하나님의 말씀이 임했다고 해서 다른 열한 아들이 그 역사에 참여하지 않은 것은 아닙니다. 이스라엘의 아들들은 모두 하늘에 속한 자들이므로 하나님은 그들 전체를 통해 구원의 역사를 이루십니다. 유다와 다말의 이야기는 유다를 통한 또 다른 구원의 역사를 보여 줍니다. 그렇다면 유다 외의 열 명의 아들은 구원의 역사에서 제외되었을까요? 그렇지 않습니다. 그들 역시 성경에 기록되지 않았을 뿐, 하나님의 역사에 함께하고 있었습니다. 이는 그들이 이스라엘 나라에 속해 있었기 때문입니다.

특히 요셉에게는 하나님의 특별한 말씀이 임했습니다. 그것은 이스라엘 백성을 애굽으로 이끌어 큰 민족으로 번성하게 하며, 그들이 세상의 종이라는 정체성을 깨닫게 하고, 히브리 문자를 완성하여 글을 통한 교류를 시작하도록 하기 위한 것이었습니다. 요셉은 이러한 하나님의 구체적인 뜻을 알지 못했지만, 이스라엘 가족을 애굽으로 인도하기 위해 하나님께서 요셉에게 특별한 지혜와 지식을 주신 것입니다. 그래서 요셉은 구원의 역사를 이루는 데 중요한 역할을 맡게 됩니다. 하나님은 특별한 말씀을 받은 자들을 통해 당신의 뜻을 이루십니다.

하나님이 말씀을 이루시는 과정에는 언제나 성령님이 함께하십니다. 하나님께서 말씀을 발하시면, 그 말씀을 이루시는 분은 성령님이십니다. 하나님이 "빛이 있으라" 하시면, 성령님께서 그 빛을 하나님 뜻대로 이 세상에 나타나게 하십니다. 무에서 유를 창조하시는 것이 성령님의 사역입니다. 이같이 하나님이 요셉에게 특별한 말씀을 주시면, 성령님께서 요셉을 통해 그 말씀을 이루십니다. 요셉이 보디발의 집에서 일할 때 여호와께서 함께하셨다는 것은 곧 성령님이 함께하셨다는 의미입니다. 성령님께서 요셉에게 임하셔서 여호와 하나님의 특별한 말씀을 이루어 가셨습니다. 요셉에게 성령님이 임하신 것은 그가 총명하거나 하나님의 특별한 사랑을 받았기 때문이 아니라, 그에게 하나님의 말씀이 임했기 때문입니다. 본래 성령님의 사역은 여호와 하나님의 말씀을 성취하는 것입니다.

오늘날에도 성령님의 사역은 구약 시대와 다르지 않습니다. 참된 이스라엘 백성, 즉 하나님의 아들들이 모두 하나님의 구원 역사에 동참하도록 도우십니다. 그러나 요셉처럼 특별한 하나님의 말씀을 받은 자들에게는 하나님의 함께하심이 더 뚜렷하게 나타납니다. 즉, 천국이 드러나는 것입니다. 보디발이 요셉을 인정한 것처럼, 하나님의 특별한 말씀을 받은 자들의 주변에서도 하나님의 역사하심이 명백히 나타나게 됩니다. 성령의 시대 영적인 출산을 이루려는 자들은 이처럼 특별한 하나님의 말씀을 받아야 합니다.

이스라엘의 아들들은 모두 야곱이 받아낸 '이스라엘'이라는 이름으로 인해 하늘의 사람이 되었습니다. 이는 성막의 번제단을 지나 성전의 뜰로 들어간 자들과 같습니다. 출애굽 후 하나님께서는 이스라엘 백성에게 성막을 짓도록 명하셨고, 성막과 성막 뜰의 기둥은 땅에 박지 않고 받침대 위에 세우도록 하셨습니다. 땅에 닿지 않도록 했습니다. 땅에서 떨어져 있도록 했습니다. 성막은 하늘이기 때문입니다. 그러므로 번제단을 지나 성막의 뜰로 들어간다는 것은 곧 하늘에 들어감을 의미합니다. 그러나 성막 안으로 들어갈 수 있는 자는 제사장뿐이며, 지성소는 오직 대제사장만이 들어갈 수 있었습니다. 지성소는 하나님의 뜻이 흘러나오는 곳이며, 하나님의 언약궤가 있는 장소입니다. 하나님의 뜻, 즉 하나님의 말씀이 바로 그곳에서 나옵니다. 따라서 구약 시대에는 오직 대제사장이나 선택된 선지자들만이 지성소에서 나오는 하나님의 말씀을 들을 수 있었습니다.

신약 시대에는 예수 그리스도께서 지성소의 휘장을 찢으셨으므로 하나님의 아들들이라면 누구나 요셉이 받은 것과 같은 특별한 말씀을 받을 수 있습니다. 이 시대에는 누구든지 하나님의 말씀을 찾고 구하며 두드리면 특별한 말씀을 받을 수 있습니다. 이것은 하나님이 약속하신 말씀입니다.

그러므로 성령의 시대에는 누구든지 요셉과 같은 말씀을 받으면 그 말씀을 이루기 위해 성령이 함께하시는 역사가 일어납니다. 이는 그 사람이 특별해서가 아니라 그의 안에 하나님의 말씀이 있기 때문입니다. 성령은 은사와 열매를 통해 그와 함께하십니다. 하나님은 이 시대에 하나님의 아들들에게 말씀의 씨를 심으시고, 그 말씀이 이루어지도록 성령의 은사로 돕고 성령의 열매를 맺게 하셔서 영적 출산을 이루게 하십니다.

이것은 성령의 시대에 신령함이 어디에서 비롯되는지를 보여 줍니다. 신령함이란 영적인 것을 의미합니다. 하나님은 말씀을 이루기 위해 말씀을 받은 자들을 훈련시키시며, 그 결과물로 성령의 열매가 나타나도록 하십니다. 그리스도인들은 또한 성령의 열매에 대한 분별력이 필요합니다. 성령의 열매는 사랑, 희락, 화평, 오래 참음, 자비, 양선, 충성, 온유, 절제와 같은 속성으로 하나님의 말씀을 이루는 과정에서 드러나는 성령의 역사이지, 신령함의 본질 그 자체는 아닙니다.

성령님은 하나님의 말씀을 이루기 위해 각 사람에게 적절한 은사를 주십니다. 어떤 은사는 흔하게 나타나고 어떤 은사는 드물게 나타나지만, 모두 성령의 나타나심입니다. 어떤 것은 더 신령하고 또 다른 것은 덜 신령한 것이 아닙니다. 방언을 하는 자보다 방언을 통변하는 자가 더 신령한 것은 아닙니다. 신유나 예언의 은사가 나타난다고 해서 그 은사가 신령함의 본질은 아닙니다. 이러한 은사들은 말씀을 받은 자들이 그 말씀을 이루도록 돕기 위한 성령의 나타나심입니다. 따라서 신령함의 중심은 말씀입니다.

한편, 성령의 은사 중에는 지혜와 지식의 말씀 은사가 있습니다. 이 은사는 말씀을 이루기 위한 하나님이 주시는 또 다른 말씀이므로 다른 은사와는 달리 신령함의 본질이 될 수 있습니다. 하나님은 아브라함에게 그의 자손들이 400년 동안 이방의 객이 될 것이라고 말씀하셨습니다. 이 말씀을 이루기 위해 요셉에게 곡식단과 해, 달, 별들이 절하는 꿈을 보여 주셨습니다. 아브라함이 받은 400년 동안 이방의 객이 될 것이라는 말씀은 하나님의 계획이며, 요셉이 받은 것은 지식의 말씀입니다. 지식의 말씀 또한 하나님의 말씀입니다. 그 말씀이 요셉을 애굽으로 가게 했습니다.

이처럼 하나님은 하나님의 말씀을 이루기 위해 또 다른 말씀을 이스라엘의 아들들에게 주셨습니다. 예를 들어, 하나님은 아브라함에게 "네 씨로 인해 네 자손이 번성하며 대적의 성문을 차지하고 천하 만민이 복을 받을 것이다"라는 약속을 주셨습니다. 이 말씀을 이루기 위해 하나님은 수많은 말씀을 이스라엘 백성에게 주셨고, 이를 통해 언약을 성취하셨으며 지금도 성취해 나가고 계십니다.

하나님의 말씀이 있는 곳에는 언제나 성령이 함께하십니다. 그러므로 성령 충만을 받기 위해서는 반드시 말씀을 받아야 합니다. 하나님의 말씀이 충만한 사람들에게는 성령 충만과 성령의 은사, 그리고 성령의 열매가 가득하게 될 것입니다. 이 시대 하나님이 주시는 말씀은 영적 출산을 위한 것이며, 아브라함에게 약속하신 언약의 성취를 위한 것입니다. 하나님은 말씀을 받은 사람들의 영적 출산을 위해 친히 성령의 은사를 주시고 성령의 열매를 맺게 하십니다. 이것이 바로 하나님의 뜻입니다.

보디발의 집에서 하나님이 요셉을 통해 이루신 집안이 번성한 역사는 세상 사람들이 보기에도 아름다웠습니다. 그래서 세상 사람들은 그 아름다움을 자기 것으로 삼고 싶어 탐을 냅니다. 보디발의 아내 역시 그 중심에 서 있던 요셉을 탐하며 자기 것으로 만들려고 했습니다. 그녀는 세상의 정욕적인 인간을 대표하는 인물입니다. 세상 사람들은 좋은 것을 보면 소유하고 싶어 하는 속성이 있습니다. 요셉을 통해 보디발의 집에 나타난 하나님의 역사는 천국의 모형이었습니다. 그러나 그 천국은 사람이 욕망으로 취할 대상이 아니라, 오히려 그 안에 들어가 누려야 할 은혜입니다. 하나님은 우리에게 하나님의 포도원을 빼앗으려 했던 소작인들처럼 행동하지 말고, 그분이 주시는 복을 온전히 누리라고 말씀하십니다.

## 35. 억울한 고난 뒤에 숨은 뜻

- 감옥에서도 빛나는 믿음(창39:11-23)

보디발의 아내는 요셉을 자기의 소유로 삼으려 했습니다. 즉, 요셉을 통해 드러난 하나님 나라의 아름다움을 자신의 정욕으로 소유하려 한 것입니다. 이는 세상 사람들의 전형적인 속성입니다. 보디발의 아내는 정욕적인 세상 사람들을 대표하는 인물로서, 자신이 가진 지위를 이용해 하늘의 아름다움을 차지하려 했습니다. 그러나 하늘의 아름다운 속성은 세상의 정욕적인 사람들이 얻을 수 있는 것이 아닙니다. 그들은 하늘의 아름다움이 만들어 낸 결과물을 차지할 수 있을지 몰라도, 그 근본은 가질 수 없습니다.

따라서 보디발의 아내와 같은 세상의 정욕적인 사람들은 요셉을 통해 나타난 집안의 번영과 같은 하늘의 결과물은 취할 수 있습니다. 하지만 그 결과물을 창조하는 근본인 요셉을 차지할 수는 없습니다. 왜냐하면 세상의 정욕적 사람들의 본질은 정욕이기 때문입니다. 하늘의 것은 세상의 욕망으로 얻을 수 있는 것이 아니라 영으로 얻을 수 있기 때문입니다.

요셉에게서 나타난 하늘의 아름다움은 하늘에 속한 자들에게서 드러나는 것입니다. 요셉은 이스라엘이라는 하나님의 나라에 들어갔기 때문에 그에게서 하늘의 아름다움이 솟아난 것입니다. 보디발의 아내는 그 아름다움을 보고, 그 중심에 있는 요셉을 차지하려 했으나 결국 실패했습니다. 설령 요셉을 차지했다 해도, 요셉이 지닌 아름다움의 근본은 소유할 수 없습니다. 그는 하늘나라에 속한 자가 아니었기 때문입니다. 세상 사람들이 보기에는 요셉과 같이 하늘의 아름다움을 발현하는 근본이란, 단순히 소유할 수 있는 것이 아닙니다. 그것은 하나님의 말씀 그 자체이기 때문입니다. 요셉은 하나님의 말씀을 받았으므로 그에게서 하늘의 아름다움이 흘러나왔고, 그것이 세상 사람들에게 드러났습니다. 보디발의 아내는 단순히 세상에 드러난 하나님의 아름다움을 보고 그 외적인 그것을 탐냈던 것입니다.

이스라엘에 속한 자가 하늘의 말씀을 가질 때, 요셉과 같이 하늘의 아름다움을 세상에 나타내는 사람이 됩니다. 세상 사람들이 이스라엘이라는 하늘에 들어가려면 첫 번째, 번제단을 통과해야 합니다. 구약 시대 이스라엘 백성들은 번제단을 통과했지만, 성령의 시대 사람들은 그리스도를 영접함으로써 그 번제단을 통과하는 과정을 거칩니다. 그리고 번제단을 통과한 사람, 즉 하늘에 올라간 자들이 하늘의 말씀을 가지려면 지성소까지 들어가 하나님의 말씀을 들어야 합니다. 구약 시대에는 대제사장을 통해 말씀이 전달되었지만, 신약 시대에는 물과 성령으로 거듭난 성도들은 누구나 지성소에 들어가 하늘의 말씀을 들을 수 있습니다. 물과 성령으로 거듭난다는 것은 번제단을 통과하여 지성소까지 들어갈 자격을 얻었다는 의미입니다. 그렇게 하고 난 다음 그리스도인들이 해야 할 일은 지성소에서 나오는 말씀을 듣는 것입니다. 그렇다면 우리는 어떻게 그 말씀을 들을 수 있을까요? 성령의 시대에는 하나님의 말씀을 찾고, 구하며, 두드림으로써 들을 수 있습니다. 말씀을 듣는다는 것은 단순한 청취가 아니라 그것을 온전히 깨닫는 것을 의미합니다. 그리고 말씀을 깨닫게 하시는 분은 성령이십니다.

성령에 의해 하나님의 말씀을 깨닫는 것은 매우 중요한 의미를 지닙니다. 어떤 한 그리스도인이 하나님의 말씀을 깨달았다는 것은 성령이 그를 통해 그 말씀을 성취하시겠다는 뜻입니다. 요셉이 열두 아들 중 하나님의 말씀을 들었을 때, 성령이 요셉을 통해 그 말씀을 이루신 것 같이 한 그리스도인이 하나님의 말씀을 깨달았다면 성령은 바로 그를 통해 그 말씀을 이루어 가십니다. 그리고 말씀을 깨달은 사람에게는 하나님의 아들 된 권세가 세상에 나타납니다. 사람이 물과 성령으로 거듭나면 신분상 하나님의 아들이 되지만, 하나님 아들로서의 영적인 권세는 말씀이 임할 때 비로소 나타납니다. 말씀이 그의 삶을 이끌어 가며, 그의 영과 혼과 육은 말씀을 이루는 데 하나로 결합되어 있기 때문입니다.

그런데 하나님이 말씀을 이루시는 것을 가로막는 가장 큰 걸림돌은 사람의 육적 생각입니다. 육적 생각은 말씀이 자신을 통해 이루어진다는 사실을 부정적으로 받아들입니다. 이때 하나님은 이러한 부정적인 생각, 즉 육적 생각이 나오는 혼과 육체를 훈련하십니다. 하나님은 혼과 육체까지도 하나님의 아들임을 알도록 훈련시키십니다.

그리스도인이 물과 성령으로 거듭나면 신분상 하나님의 아들이 됩니다. 그러나 그는 여전히 옛사람의 육체 안에서 살아가므로 그 옛사람을 자신이라고 여깁니다. 사실, 그는 물과 성령으로 거듭날 때 그 옛사람이 죽었지만, 여전히 그것을 살아 있는 자신으로 착각합니다. 하나님이 아들을 훈련하시는 이유는 이러한 옛사람의 생각에서 벗어나 혼과 육체까지 성령의 전, 곧 하나님의 아들임을 깨닫게 하시려는 것입니다. 이를 깨달으면 겸손한 것이며, 반대로 깨닫지 못하고 여전히 자신을 사람의 아들이라 여기면 그것이 곧 교만입니다. 하나님이 그리스도인들에게 가장 원하시는 것은 그들의 혼과 육체까지도 하나님의 아들임을 인식하는 것입니다. 그래서 사도 바울은 그리스도인의 육체를 하나님이 거하시는 성전이라고 하였습니다.

이처럼 경건의 훈련을 받은 자들은 하나님의 말씀을 깨달을 때, 그 말씀이 세상에서 이루어지는 역사를 경험합니다. 그러면 그를 통해 세상에 하늘의 아름다움이 드러납니다. 그는 세상에서 하늘의 아름다움을 나타내는 중심이 됩니다. 그는 곧 하나님의 나라입니다. 요셉이 보디발의 집에서 보여 준 것이 바로 그 하나님의 나라였습니다. 그는 세상에서 하늘의 아름다움을 드러내는 하나님의 나라였습니다.

이 나라는 정욕적인 세상 사람들이 결코 소유할 수 없는 나라입니다. 아무리 명철한 철학자라도 이를 소유할 수 없습니다. 시대를 거치며 수많은 철학자가 진리를 깨닫기 위해 평생을 바쳤지만, 끝내 깨달음에 이르지 못했습니다. 그들은 하늘에 들어오지 못했으며, 지성소에서 나오는 음성을 듣지 못했기 때문입니다. 그들은 정욕적인 것에 머물러 있으면서도 하늘의 것을 찾으려 애썼습니다. 이단들이 하늘에 들어오지 않은 채 성경의 말씀을 취하려는 것도 이와 같습니다. 그들은 마치 말씀을 소유한 것처럼 보이지만, 실상은 가짜를 붙잡고 있을 뿐입니다.

요셉과 같이 하나님의 말씀을 받은 자들에게 중요한 것은 그를 둘러싼 환경이 아니라, 그 말씀을 이루는 성령의 역사입니다. 하나님의 말씀을 받은 요셉은 애굽으로 팔려 가기도 하고 보디발의 집에서 종이 되기도 하며 감옥에 갇히기도 했습니다. 그러나 그의 환경은 하나님의 말씀을 이루어 가는 과정에 불과했습니다. 말씀의 사람들은 세상의 안락한 환경에 정착하는 존재가 아니라, 그 환경 속에서 성령과 함께 하나님의 말씀을 이루어 가는 자들입니다. 성령이 그를 이끌어 가며 말씀을 성취하는 과정에서 환경은 변합니다. 때로는 이렇게, 때로는 저렇게 바뀌지만, 그것이 본질적인 문제가 되지는 않습니다.

이 시대 하나님의 아들들도 마찬가지입니다. 그들은 세상의 안락한 환경을 목표로 삼는 것이 아니라, 깨달은 말씀을 성령과 함께 이루어 가는 삶을 사는 자들입니다. 이것이야말로 하나님의 자녀들이 세상에서 따라가야 할 길입니다. 그러므로 하나님의 말씀을 가진 자들은 어떠한 상황 속에서도 하나님의 영과 함께하는 자들입니다.

요셉은 감옥에 들어가서도 여전히 여호와 하나님과 함께했습니다. 그가 보디발의 가정에서 총무로 일할 때도, 감옥에 갇혔을 때도 하나님의 동행하심은 변함없었습니다. 요셉의 삶의 환경은 계속 바뀌었지만, 그 모든 과정 역시 하나님의 말씀을 이루어 가는 여정이었습니다. 따라서 하나님의 사람들에게 중요한 것은 환경이 아니라, 그들에게 하나님의 영이 함께하느냐 하는 것입니다. 성령이 그의 삶을 인도하고 있다면 어떠한 환경도 문제가 되지 않습니다. 환경은 단지 하나님의 말씀을 성취하는 과정일 뿐입니다.

하나님의 말씀을 따르는 자들, 즉 하나님의 아들들은 세상 속에서 하나님의 나라를 세워 가는 사람들입니다. 그러나 세상의 사람들은 권모술수에 능하며, 보디발의 아내처럼 말씀의 사람들의 혼과 육을 시험하려 합니다. 본래 마귀는 말씀의 사람들의 혼과 육을 흔드는 일을 합니다. 그래서 결국 예수 그리스도조차 십자가에 못 박았습니다. 그러나 하나님 나라의 사람들은 이 세상 가운데서도 하나님의 말씀을 성취하는 자들입니다. 그러므로 세상의 술책에 대항하여 싸울 필요가 없으며, 다만 인내하면 결국 환경이 서서히 그들의 편으로 바뀌게 됩니다.

요셉의 인내는 그의 감옥생활을 애굽의 국무총리가 되는 과정으로 변화시켰습니다. 세상은 요셉과 같은 사람들을 억누를 수 있을지 몰라도, 그를 통해 이루어지는 하나님의 역사는 막을 수 없습니다. 여호와 하나님은 감옥에서도 요셉의 삶을 형통하게 하셨고, 결국 그를 애굽의 국무총리로 세우셨습니다. 이는 하나님의 말씀을 가진 자가 끝내 세상을 다스리게 된다는 사실을 보여 줍니다.

## 36. 절망의 자리가 만남의 자리
- 감옥에서 발견한 달란트(창40:1-13)

요셉은 억울한 누명을 쓰고 옥에 갇혀 있는 동안에도 하나님의 영이 함께하심으로 감옥을 평정하였습니다. 그는 사실상 간수장의 역할을 하였습니다. 그러던 중 애굽 왕의 술 관원장과 떡 관원장이 왕께 죄를 지어 요셉이 있는 감옥으로 들어오게 되었습니다. 친위대장 보디발은 요셉에게 그들을 돌보라고 지시했고, 요셉은 성심껏 그들을 섬겼습니다.

그들이 감옥에 갇힌 지 여러 날이 지난 후, 술 관원장과 떡 관원장은 같은 날 밤 서로 다른 꿈을 꾸었습니다. 그러나 그 꿈을 해석할 자가 없어 근심하고 있었습니다. 요셉은 그들이 걱정스러운 기색을 띠고 있는 것을 보고 다가가 꿈의 해석은 하나님께 달려 있으니 꿈 내용을 이야기해 보라고 하였습니다.

꿈의 해석이 하나님께 있다는 말은 하나님의 영이 함께하는 사람들에게 하나님께서 그 뜻을 밝혀 주신다는 의미입니다. 특별한 영적인 꿈은 미래에 일어날 일을 예고하는 경우가 있습니다. 술 관원장과 떡 관원장의 꿈이 바로 그런 유형이었습니다. 그들이 직접 꿈을 해석할 수 없었던 이유는 그것이 하나님께서 주신 꿈이었기 때문이며, 오직 하나님의 영이 함께하는 사람만이 해석할 수 있었습니다. 마침 그들 곁에 요셉이 있었고, 그는 하나님의 영의 도우심으로 그 꿈을 해석할 수 있었습니다. 술 관원장이 먼저 요셉에게 자신의 꿈을 이야기하자, 요셉은 즉시 그 의미를 깨닫고 해석해 주었습니다.

술 관원장은 꿈속에서 한 포도나무를 보았습니다. 그 나무에는 세 개의 가지가 있었고, 가지에서 싹이 나 꽃이 피더니 포도송이가 익었습니다. 그의 손에는 바로의 잔이 있었고, 그는 포도를 따서 그 즙을 바로의 잔에 담아 왕께 드렸습니다. 술 관원장은 이 꿈이 특이하다는 것은 알았지만 의미를 알지 못해 걱정했습니다. 이는 해몽에 대한 그의 무지 때문이었습니다. 하나님의 영이 함께하지 않았으므로 그 뜻을 깨달을 수 없었고, 이러한 영적 어두움 속에서 답답함과 불안을 느꼈던 것입니다.

그러나 요셉은 그 꿈을 듣자마자 즉시 해석할 수 있었습니다. 하나님의 영이 요셉에게 지혜의 빛을 주셨기 때문입니다. 영적 세계에서 빛과 어둠은 바로 이러한 차이에서 비롯됩니다. 꿈에서 나타난 숫자 "세 개의 가지"가 어떻게 3일을 의미하는지, 숫자로 표현된 꿈을 어떻게 해석해야 하는지에 대해 많은 사람들이 궁금해하며 해몽법을 배우려고 합니다. 이러한 방식은 세상의 지식을 습득하는 과정과 유사합니다. 요셉 이후 바벨론 제국의 술사들도 이러한 해몽법을 익혔으며, 다니엘 역시 당대의 학문을 배우기 위해 술사 교육을 받기도 했습니다. 그러나 세상의 해몽법에는 한계가 있습니다. 때때로 정확한 해석이 나올 수도 있지만, 분명한 한계가 존재합니다.

그래서 이후 이스라엘 왕족과 귀족의 자녀들이 바벨론 제국의 포로로 끌려갔을 때 하나님께서는 느부갓네살 왕에게 꿈을 꾸게 하시고, 바벨론의 술사들에게 그 꿈을 해석하라고 요구하셨습니다. 바벨론 술사들은 그 꿈을 해석하지 못했습니다. 다니엘을 통해서만 하나님의 지혜로 왕의 꿈을 밝히도록 하셨던 것입니다. 다니엘의 지식은 인간적인 것이 아니라 하늘로부터 온 것이었으며, 하나님의 영이 함께하는 참된 지혜였습니다.

하나님의 영이 함께하는 사람은 꿈의 내용을 들었을 때 성령의 인도하심으로 그 의미를 깨닫게 됩니다. 요셉은 포도나무의 세 가지가 바로 3일을 뜻한다고 해석했습니다. 그것이 3개월이나 3년이 아니라 3일임을 확신하며 단언할 수 있었던 것은, 하나님의 영이 그에게 지혜의 빛을 비추어 주셨기 때문입니다. 요셉은 이러한 하나님의 빛을 지닌 사람이었습니다. 세상에서는 빛과 어둠을 '보느냐, 보지 못하느냐'로 구분하지만, 영적 세계에서는 '깨닫느냐, 깨닫지 못하느냐'로 구별됩니다.

요셉이 이어서 해석한 내용은 술 관원장이 3일 후에 본래의 직위로 복귀하여 다시 바로에게 포도주를 바치게 될 것이라는 것이었습니다. 그는 곧 왕의 신임을 회복하게 될 운명이었습니다. 요셉의 해석대로 술 관원장은 3일 후에 자기의 직에 복귀하였습니다.

예수 그리스도의 공생애 당시 예수님은 장님에게 진흙을 이겨 눈에 발라 주고 실로암 못에서 씻으라고 하셨습니다. 그가 그대로 행하자 눈이 열려 세상을 밝게 볼 수 있었습니다. 씻기 전과 후는 그의 육적 세계에서의 어두움과 밝음을 의미합니다. 예수 그리스도는 이 장님의 눈을 실로암에서 뜨게 하심으로써 빛의 세계를 보여 주셨습니다. 마찬가지로 그분은 모든 사람이 영적 세계에 눈을 뜨기를 원하십니다. 어둠 속에 머물지 않고 빛의 세계에서 살아가기를 바라시는 것입니다. 그것이 곧 하나님의 영광이 드러나는 길입니다.

그리스도의 제자들은 한 맹인이 예수에게 왔을 때 그의 맹인됨이 누구의 죄 때문인지 물었습니다. 이에 예수 그리스도는 그를 통해 하나님의 일이 나타나도록 하기 위한 것이라고 하셨습니다. 이는 맹인이 눈을 뜨는 순간 하나님의 일이 드러남을 의미합니다. 이 사건은 영적 맹인이 영적 눈을 뜨는 것을 상징합니다. 따라서 세상 사람들이 영적 어두움에서 벗어날 때 하나님의 일이 나타납니다. 즉, 그리스도인들이 영적 지식의 세계로 나아갈 때마다 하나님께서 그들에게 영적 지식으로 임하십니다. 실로암 못에서 장님의 눈이 열린 사건은 하나님이 세상에 어떻게 나타나시는지를 보여 주는 상징적 사건입니다. 이처럼 하나님은 사람들이 영적 세계, 즉 말씀의 세계에 눈을 뜰 때 영적 지식으로 임하십니다.

요셉이 술 맡은 관원장의 꿈을 하나님의 영으로 해석하자 그는 무지에서 벗어나 빛을 얻게 되었습니다. 하나님은 이와 같은 지식으로 사람을 통해 하나님을 나타내셨습니다. 요셉과 함께 있었으므로 하나님이 그를 통해 술 맡은 관원장에게 나타나신 것입니다. 오늘날에도 지식을 가진 자가 하나님의 영으로 그것을 전달하면, 받는 자도 영적 무지에서 벗어나게 됩니다. 이것이 하나님의 나타나심입니다. 그리고 그가 하나님을 받아들이고 이스라엘로 들어오면 천국 백성이 됩니다.

오늘날도 하나님이 지식으로 나타나실 때 누구든지 영적 지식을 마음으로 받아들이고 예수의 가르침을 따르기로 결심하면 성령세례를 받습니다. 그리하여 요셉처럼 하나님의 영이 함께하는 자가 됩니다. 또한 그는 생수의 강이 흘러나오는 자가 되어 꿈을 꾸었을 때 스스로 해석할 수 있게 됩니다.

그리스도의 도는 이러한 방식으로 전달됩니다. 먼저 하나님이 한 사람에게 나타나시면 그를 가르치십니다. 즉, 옛사람의 속성을 지닌 그가 영의 생각에 순종하도록 혼과 육을 훈련하시는 것입니다. 에스겔(47장)이 본 환상에서도 성전 문지방에서 흘러나온 물이 점점 깊어져 마침내 사람이 건너지 못할 강이 되었습니다. 그 물이 아라바해에 도달하여 바다를 살아 있는 바다로 변화시킨 것은 세상에 생명을 불어넣는 것을 상징하는 예언입니다. 이 시대에도 하나님이 성전에서 나오는 물, 즉 말씀은 사람의 혼과 육을 적시고 그것이 세상이라는 죽은 바다로 흘러가 세상을 소생시키는 것입니다. 이는 사람이 물을 건너가는 것이 아니라 물 위에 떠서 물이 흐르는 대로 따라가는 것입니다. 성전에서 흘러나오는 하나님의 말씀은 먼저 나를 변화시키고, 그 후에 다른 이들에게로 전달됩니다. 그 말씀이 나를 가르칠 때 성령의 열매가 맺히고, 그 열매가 그를 통해 세상으로 흘러갑니다.

그러므로 그리스도인들의 최고의 전도법은 그 안에서 생수의 강이 흘러나오도록 하는 것입니다. 생수의 강이 없이 전도하려 한다면 이는 참된 도를 전하는 것이 아닙니다. 그리스도인의 중요한 과제는 그 속에서 생수의 강이 넘쳐흐르게 하는 것입니다. 많은 신자들이 생수의 강이 없이 하나님의 일을 하려 하지만, 그러다 보면 악한 영에게 속거나 혼탁한 영적 세계에 들어가 위험에 빠질 수도 있습니다.

그리스도인에게 생수의 강이 흘러나오고 그 인도를 받을 때, 그 강은 만나는 사람들에게도 흘러가 성령의 역사를 일으킵니다. 그때 각종 은사가 나타나며, 이를 본 사람들이 예수 그리스도를 믿게 됩니다. 이처럼 전도는 자연스럽게 이루어집니다. 하나님은 지식의 말씀, 지혜의 말씀, 예언의 은사, 방언과 방언 통역, 영 분별, 병 고침 등 다양한 방법으로 나타나시며 사람들을 회개하게 하고 하늘나라로 초대하십니다. 따라서 성령의 열매는 그리스도인이 훈련을 통해 맺는 결과물이며, 성령의 은사는 그리스도의 도를 전하기 위한 성령의 나타나심입니다. 그러므로 그리스도인에게는 성령의 열매와 은사가 모두 필요합니다.

## 37. 사람은 잊어도 하나님은 기억하신다
— 때가 되면 반드시 이루시는 약속(창40:14-23)

요셉은 술 맡은 관원장의 꿈이 그가 3일 안에 복직하게 될 것임을 의미한다고 해석해 주었습니다. 그러면서 술 맡은 관원장에게 직위가 회복되면 자신을 기억해 달라고 부탁했습니다. 또한 자신의 억울함을 이집트 왕 바로에게 전하여 이 옥에서 구해 달라고 요청했습니다. 그러나 술 맡은 관원장은 직위가 회복되자 요셉을 기억하지 못하고 잊어버렸습니다.

요셉의 꿈 해석은 하늘로부터 온 지혜였지만, 술 맡은 관원장의 직위가 회복되면 바로에게 이야기하여 자신을 감옥에서 나오게 해 달라고 한 것은 인간적인 생각이었습니다. 요셉과 술 맡은 관원장의 이야기는 하나님의 생각과 인간의 생각이 같은 한 사람에게서 나올 수 있지만, 그 차이는 분명하다는 사실을 보여 줍니다. 요셉의 인간적인 기대는 그의 상황을 바꾸지 못했습니다. 사람에게 한 부탁이 그를 감옥에서 나오게 할 수 없었던 것입니다. 결국, 요셉을 감옥에서 구한 것은 술 맡은 관원장의 꿈을 해석한 하늘의 지혜, 곧 하나님께서 주신 생각이었습니다.

성령의 인도함을 받는 이들도 삶 속에서 하늘의 생각과 인간의 생각이 함께 존재할 수 있습니다. 그러나 요셉 자신의 생각은 세상을 움직이지도, 자신을 구원하지도 못했습니다. 오직 하나님께서 주신 생각만이 그의 삶을 변화시키고 세상을 움직일 수 있었습니다. 성령의 인도함을 받는 자들은 세상 사람들에게 기대거나 부탁할 필요가 없습니다. 이 시대에도 성령의 기름 부음을 받은 자들은 필요한 것이 있을 때 하나님께 아뢰고, 하늘의 생각이 자신을 통해 흘러나오도록 해야 합니다. 그것이야말로 세상을 움직이며 우리를 구원하는 힘이 됩니다.

술 맡은 관원장은 자신의 직위가 회복되자마자 요셉을 잊어버렸습니다. 세상은 사람을 기억해 주지 않습니다. 그래서 하나님은 우리가 세상을 의지하지 말라고 하십니다. 사람들은 앞에서는 도와줄 것처럼 말하지만, 결국에는 외면하거나 도울 수 없는 상황에 놓이게 됩니다. 이것이 세상의 본질이므로 실망할 필요가 없습니다. 그러나 하나님은 다릅니다. 하나님의 자녀가 간구하면 결코 잊지 않으시고 반드시 응답하십니다.

떡 굽는 관원장은 술 맡은 관원장의 꿈 해석이 좋은 결과를 가져올 것이라는 것을 보고 자신도 꿈을 이야기했습니다. 그러나 그의 꿈은 죽임을 당할 것을 뜻하는 해석이었습니다. 같은 날, 술 맡은 관원장과 떡 굽는 관원장은 서로 다른 의미의 꿈을 꾸었습니다. 한 사람의 꿈은 그를 살리는 것이었고, 다른 하나는 죽이는 것이었습니다.

두 사람은 모두 이집트 왕 바로 앞에서 죄를 범한 자들이었습니다. 그러나 한 사람은 직위를 회복하여 구원을 받았고, 다른 한 사람은 심판을 받았습니다. 이 두 사람의 꿈은 결국 하나님께서 꾸게 하신 것이었습니다. 같은 죄를 범하였지만, 한 사람은 구원의 꿈을 꾸어 요셉이 그것을 구원으로 해석하게 하셨고, 다른 사람은 심판의 꿈을 꾸어 심판으로 해석하게 하셨습니다. 같은 날, 한 사람은 구원을 받았고, 다른 한 사람은 심판을 받게 되었습니다.

왜 한 사람은 구원받고, 다른 사람은 심판받았을까요? 그것은 하나님의 주권에 속한 일입니다. 인간이 관여할 수 없는 영역입니다. 하나님은 술 맡은 관원장에게는 회복의 꿈을 주시고, 떡 굽는 관원장에게는 심판의 꿈을 주셨습니다. 그리고 때가 이르자 요셉이 해석한 그대로 이루어졌습니다. 술 맡은 관원장은 하나님의 은혜로 구원받은 것입니다. 오늘날도 마찬가지입니다. 같은 죄를 지었더라도 어떤 이는 생명으로 회복되고, 어떤 이는 심판을 받습니다. 그리스도인들은 술 맡은 관원장처럼 회복이 되는 존재들입니다. 그 회복이야말로 우리가 받은 가장 큰 은혜이며 축복입니다.

하나님은 자신의 뜻을 떡 굽는 관원장의 꿈을 통해 나타내셨습니다. 그러나 떡 굽는 관원장은 성령과 함께하지 않았으므로 그 꿈을 해석할 수 없었습니다. 반면, 요셉은 성령과 함께했으므로 그 꿈을 정확히 해석할 수 있었습니다. 그는 하나님의 뜻대로 떡 굽는 관원장의 꿈을 해석했으며, 이는 하나님의 생각과 요셉의 생각이 하나였기 때문입니다. 하나님은 하나님의 사람들에게 하나님의 마음을 부어 주시어 그들을 통해 하나님 계획을 이루십니다. 이를 가르치시는 것이 아니라, 마음으로 하나님의 뜻을 깨닫게 하십니다. 다시 말해, 성령이 함께하는 사람들은 삶 속에서 하나님의 뜻을 깨닫고 행할 때 하나님을 경험합니다.

요셉이 꿈을 해석할 때, 그는 단순히 배운 지식이 아니라 하나님의 마음으로 해석했습니다. 하나님께서 직접 가르쳐 주신 것이 아니라 하나님의 생각이 그의 마음에 들어와 자연스럽게 깨달아졌던 것입니다. 그리고 그의 해석은 곧 떡 굽는 관원장의 운명이 되었습니다. 요셉은 떡 굽는 관원장이 술 맡은 관원장처럼 살아날 것이라고 해석하지 않았습니다. 이는 성령이 함께하심으로써 하나님의 뜻을 마음으로 깨달았기 때문입니다. 이처럼 하나님의 마음이 요셉에게 전달될 때, 그는 비로소 하나님의 사역을 맡을 자격을 갖추게 되었습니다. 이는 요셉의 사역이 시작된 순간이기도 합니다. 그는 술 맡은 관원장과 떡 굽는 관원장의 꿈을 마음으로 이해했습니다. 이는 그가 하나님의 마음과 같은 마음을 가졌으므로 가능했습니다. 이렇게 하나님의 마음과 하나가 될 때, 비로소 하나님의 사역이 시작됩니다. 요셉이 하나님의 마음으로 술 맡은 관원장과 떡 굽는 관원장의 꿈을 해석하자, 그 해석이 그대로 이루어졌습니다. 이것이 요셉 사역의 출발점이었습니다. 하나님의 마음이 요셉에게 전달되어 하나가 되었을 때, 그의 해석이 곧 하나님의 말씀이 되었으며, 그것은 그대로 성취되었습니다.

하나님의 사역은 이러한 방식으로 진행됩니다. 목회나 사역은 성령의 임재를 통해 하나님의 마음과 우리의 마음이 하나 될 때 시작됩니다. 성령이 주시는 하나님의 마음을 가지면, 하나님은 그를 통해 자신의 일을 이루십니다. 따라서 하나님의 사역은 하나님과 우리의 마음이 하나가 될 때 이루어지는 것입니다. 하나님의 사역은 우리가 힘을 들여 성취하는 것이 아니라, 하나님과 마음이 하나 될 때 자연스럽게 이루어지는 것입니다. 그러므로 사역자는 하나님과 마음을 하나 되게 하는 훈련을 하면 됩니다. 사람이 하나님의 사역을 이루는 것이 아닙니다. 하나님과 마음이 하나 되면 믿음이 생기고, 기도한 대로 응답을 받게 됩니다.

다윗이 하나님의 궤를 오벧에돔의 집에서 다윗성으로 옮기는 과정은 오늘날 그리스도인의 사역이 어떠해야 하는지를 잘 보여 줍니다. 다윗은 여섯 걸음을 옮길 때마다 번제를 드리며 하나님의 궤를 환영했습니다. 이렇게 영광스럽게 맞이한 궤를 다윗성의 한 장막에 모셨습니다. 다윗은 하나님의 임재가 너무 좋아서 매일 그곳에 들어가 하나님과 교제했습니다. 그러면서 그는 하나님의 집을 짓고 싶은 마음이 들었습니다. 이때 하나님은 선지자 나단을 통해 위대한 말씀을 주셨습니다. 하나님께서 다윗의 후손을 통해 하나님의 집을 세우실 것이며, 그 집은 솔로몬의 성전이 아니라 예수 그리스도를 통해 이루어질 영원한 하나님의 나라라는 것이었습니다. 예수 그리스도께서는 이를 믿는 모든 사람 안에 그 나라를 세우셨습니다.

다윗은 단순히 하나님이 좋아서 하나님의 집을 짓고 싶었습니다. 그러나 하나님은 다윗에게 집을 짓게 하지 않으시고, 오히려 하나님께서 다윗을 위해 집을 세우겠다고 약속하셨습니다. 그리고 그 집은 사람이 짓는 것이 아니라 하나님께서 친히 짓는 것임을 알려 주셨습니다. 하나님은 예수 그리스도를 통해 참된 하나님의 집을 세우셨습니다. 다윗의 하나님을 향한 사랑은 예수 그리스도를 통해 이루어질 하나님의 나라로 이어졌습니다. 오늘날 그리스도인의 사역 또한 다윗처럼 하나님과 개별적으로 교제하며, 미래의 위대한 역사를 성취하는 것까지 포함됩니다. 다윗과 하나님의 깊은 교제는, 예수 그리스도를 통해 모든 사람 속에 하나님의 집이 세워지는 역사로 연결됩니다.

구약 시대에 하나님은 성막을 건설하신 후 성전에서 하나님을 섬기는 법을 알려 주셨습니다. 그리고 하나님은 그 법대로 섬기라고 명령하셨습니다. 아론의 두 아들, 나답과 아비후는 여호와께서 명령하지 않으신 다른 불을 담아 분향하다가 불에 삼켜졌습니다. 이는 하나님을 섬기는 예법을 따르라는 의미였습니다. 이 시대의 하나님을 섬기는 방법은 예수 그리스도께서 사마리아 수가성 여인에게 말씀하신 것처럼 영과 진리로 예배하는 것입니다. 영과 진리의 예배란 영의 예배이며, 이는 성령의 인도하심을 따르는 예배입니다. 이 예배는 영이 새로 탄생할 때 비로소 드릴 수 있는 예배입니다. 진리는 말씀으로 드린다는 것입니다. 즉 말씀을 깨닫고 저절로 따라간다는 것입니다. 그것이 오늘날 살려 주는 영으로 탄생한 그리스도 인들이 드릴 영적 예배입니다.

 따라서 하나님의 뜻에 따라 성령의 인도를 받는 것이 올바른 예배입니다. 그렇지 않은 예배는 나답과 아비후처럼 잘못된 예배가 될 수 있습니다. 다만, 성령의 시대에는 하나님이 우리를 자녀 삼으셨으며, 우리를 고치고 치유하시면서 올바르게 섬기도록 인도하십니다. 이 시대에 우리가 해야 할 일은 영과 진리로 예배드리는 것입니다. 즉, 영의 인도를 따르는 것입니다. 우리가 무언가를 성취하는 것이 아니라, 하나님의 일을 하나님께서 친히 이루시는 것입니다. 우리의 역할은 하나님과 그의 말씀을 믿고, 하나님의 마음을 품는 것입니다. - 끝 -

# 빛이 있으라

ⓒ 박기묵, 2025

초판 1쇄 발행 2025년 8월 31일

| | |
|---|---|
| 지은이 | 박기묵 |
| 펴낸이 | 이기봉 |
| 편집 | 좋은땅 편집팀 |
| 펴낸곳 | 도서출판 좋은땅 |
| 주소 | 서울특별시 마포구 양화로12길 26 지월드빌딩 (서교동 395-7) |
| 전화 | 02)374-8616~7 |
| 팩스 | 02)374-8614 |
| 이메일 | gworldbook@naver.com |
| 홈페이지 | www.g-world.co.kr |

ISBN 979-11-388-4659-2 (03230)

- 가격은 뒤표지에 있습니다.
- 이 책은 저작권법에 의하여 보호를 받는 저작물이므로 무단 전재와 복제를 금합니다.
- 파본은 구입하신 서점에서 교환해 드립니다.